遵化长城八景八事

陈玉 ◎ 主编

燕山大学出版社
·秦皇岛·

图书在版编目（CIP）数据

遵化长城八景八事 / 陈玉主编 . —秦皇岛：燕山大学出版社，2023.11
ISBN 978-7-5761-0228-4

Ⅰ.①遵… Ⅱ.①陈… Ⅲ.①长城－介绍－遵化 Ⅳ.① K928.77

中国版本图书馆 CIP 数据核字（2021）第 246751 号

遵化长城八景八事

ZUNHUA CHANGCHENG BAJING BASHI

陈　玉 主编

出 版 人：陈　玉	责任编辑：方志强
装帧设计：方志强	责任印制：吴　波
出版发行：燕山大学出版社	地　　址：河北省秦皇岛市河北大街西段 438 号
邮政编码：066004	电　　话：0335-8387555
印　　刷：河北文曲印刷有限公司	经　　销：全国新华书店

开　　本：889mm×1194mm 1/32	印　　张：5.5
版　　次：2023 年 11 月第 1 版	印　　次：2023 年 11 月第 1 次印刷
书　　号：ISBN 978-7-5761-0228-4	字　　数：98 千字
定　　价：88.00 元	

版权所有　侵权必究

如发生印刷、装订质量问题，读者可与出版社联系调换

联系电话：0335-8387718

《遵化长城八景八事》编委会

总 顾 问　　董耀会

主　　编　　陈　玉

副 主 编　　方志强　刘维尚　赵　欣

编　　辑　　方志强　刘维尚　裴立超

　　　　　　李鹏克　桑　懿

序

　　河北遵化是中国长城荟萃之乡，《遵化长城八景八事》的出版是一件可喜可贺的事。遵化长城历史悠久，始建于北齐时期，明抗倭名将戚继光在汤泉乡举行历史上著名的汤泉大阅兵，北齐石长城和明代砖长城更是在此相会，留下了"一步千年"的奇特景观。遵化境内的九座长城雄关是中原通往塞北的交通要道，是拒敌于关外的要冲隘口，更是农耕文化与游牧文化的交汇处，中原文明与草原文明的融合点。正所谓"万里长城谁为最，九关鱼钥控雄图"。

　　2019年7月24日，中央全面深化改革委员会第九次会议审议通过了《长城、大运河、长征国家文化公园建设方案》。会议指出，建设长城、大运河、长征国家文化公园，对坚定文化自信，彰显中华优秀传统文化的持久影响力、革命文化的强大感召力具有重要意义。建设国家文化公园，是以习近平同志为核心的党中央的重大决策部署，是推动新时代文化繁荣发展的重大工程。

国家建设长城文化公园,既要打造文化战略高地,也要推动区域经济发展。以文旅融合的方式,服务与彰显长城承载的中华民族坚韧自强和文化自信的精神价值是长城国家文化公园的重要建设内容。通过文旅融合,展现古代军事防御体系的建筑遗产价值,呈现人与自然融合互动的文化景观价值,需要将长城的文物和文化资源转化成优质旅游产品。如何在文旅融合的视角之下,理解并做好遵化长城历史文化及其价值的阐释与展示,可以说是遵化打造长城国家文化公园特色品牌的一个重要研究课题。

长城文化遗产的保护和利用,需要提高公众对长城历史文化价值的理解。长城国家文化公园建设,要对长城文化遗产做出阐释与展示,必须要充分地考虑需要公众对长城有怎样的认识,公众接受的长城文化传播目标是什么,如何将此目标融入旅游的业态之中,使其成为大众文化消费的旅游项目。以遵化长城为例,遵化长城文化的阐释与展示旨在提高公众长城文化意识,增进公众对遵化长城文化遗产地理解,助力遵化的乡村振兴。其中包括对遵化长城历史文化的通俗讲解,采取多种手段对遵化长城遗址进行解说,帮助游人了解遵化长城的历史文化。这种对长城历史文化的解说,应该是有历史依据的解说。而编辑出版地方长城文化系列出版物,一直是长城沿线及各大长城景区常用的阐释与展示的方法。

  燕山大学中国长城文化研究与传播中心联合金融街·古泉小镇策划的《遵化长城八景八事》，认真梳理了遵化长城历史背景、主要景观、历史典故，提炼出遵化长城的八个景观和八个故事，找准切入点，通过挖掘长城文化、汤泉文化、抗战文化等地域文化内涵，有利于传承与弘扬长城蕴含的爱国精神、民族精神和时代精神，树立文化自信，助力遵化打造长城国家文化公园文旅融合样板工程。

中国长城学会副会长
燕山大学中国长城文化研究与传播中心主任
董耀会
2023 年 10 月

目 录

第一章　**遵化长城**……………………………1

第二章　**遵化长城八景**…………………11
　一、罗文峪长城………………………14
　二、马兰关"断开长城"……………24
　三、鲇鱼石关水长城………………32
　四、马蹄峪"万里无双"楼…………42
　五、遵化第一楼………………………50
　六、鹫峰山"一步千年"………………56
　七、洪山口长城………………………70
　八、古树长城…………………………80

第三章　**遵化长城八事**…………………85
　一、买马监……………………………88
　二、汤泉阅兵…………………………90
　三、戚继光抗敌………………………112

四、皇太极驻跸洪山口……………………………114

五、康熙拆长城………………………………118

六、金墩传说…………………………………122

七、罗文峪长城抗战…………………………124

八、四野进关…………………………………134

第四章　遵化汤泉…………………………137

一、历史汤泉…………………………………140

二、养生汤泉…………………………………153

三、胜境汤泉…………………………………159

参考文献……………………………………165

第一章

遵化长城

遵化长城

长城,是世界上规模最大的一项古代防御工程,是中华民族勤劳智慧的结晶,是中国劳动人民创造的工程奇迹,是中华文明的突出见证。长城横亘在中国的北方,地跨15个省(自治区、直辖市),经历了自春秋战国时期以来2000余年的修筑,经国家文物局认定中国历代长城遗存总长度为21196.18千米,自东向西贯穿了中原与大漠,连接着中国的东端与西部。

公元前7世纪,由于诸侯之间互相兼并,出现了秦、楚、齐、燕、韩、赵、魏等几个大的诸侯国。各诸侯国为了防御他国入侵,各自在自己的土地上修筑由关隘、烽燧和城墙相连的防御工事,这就是中国最早的长城。秦始皇统一中国后,为防匈奴侵扰又将原秦、赵、燕长城连接增建,中国出现了西起临洮,东达辽东的第一道万里长城。据司马迁《史记·蒙恬列传》记载:"秦已并天下,乃使蒙恬将三十万众北逐戎狄,收河南。筑长城,因地形,用险制塞。起临洮,至辽东,延袤万余里。"继秦之后的汉、隋、唐、明等王朝为了中原安宁,不断在农耕与游牧交界地带增修加

直隶长城分防险要关峪地舆城图（马家峪、马蹄峪、蔡家峪、罗文峪）

固长城。尤其是明朝，在灭掉元朝以后，为了防御蒙古、女真等游牧民族的侵袭，耗时200多年，构筑了从鸭绿江到嘉峪关跨越10个省（自治区、直辖市），长达8851.8千米的历史上规模最大、最坚固、最雄伟的长城，创造了世界罕见的古建奇观。

南北朝时期，据《北史》记载，北齐天保三年（552），自西河总秦戍（大同西北）筑长城，东至渤海（今河北山海关）。天保六年（555）皇帝下诏，征发180万人修筑长城，自幽州北夏口（今北京居庸关南口），西至恒州（今大同）900余里。

洪武元年（1368），朱元璋率军攻克元大都建立明王朝，元顺帝败走漠北，但实力依然强大，朱元璋说："惟西北胡戎，世为中国患，不可不谨备之耳。"为防残元侵扰，于是从洪武十四年（1381）起，派大将军徐达改筑西起居庸关、东至山海关的这段长城。据《永平府志》记载："辛酉，征虏大将军魏国公徐达

洪山口永熙门门额拓片

发燕山等卫屯兵万五千一百人修永平界岭等三十二关。"嘉靖年间与隆庆初年,北方的部族俺答、土蛮等常来侵犯蓟门一带边界,京城经常受到威胁。隆庆二年(1568),戚继光受命总理蓟州、昌平、辽东、保定练兵事务后,几次上疏,建议从山海关至昌平的长城线上,增筑敌台3000座。于是自隆庆三年(1569)始,便调集数万军民修建了1300余座敌台。所修敌台高10～13米,周长约40米,内分三层。这种高大的敌台,既便于瞭望敌情,又可容纳较多的守兵,以及储存大量的武器和粮食,解决了过去守城兵力分散、风雨难庇,以及军事物资不便储备等问题。从而使长城的防御体系更臻于坚固严密,是军事防御工程的一项重要创造。

遵化长城由迁西二道城子村西进入洪山口地界。长城进入遵化后,大致方向为:向西过洪山口约1.5千米转向南,过高家峪转西南，经洪口、双窑、秋科峪，至罗文峪。长城从罗文峪继续向西南，过沙坡峪、大安口、上关、马兰关，由新立村西出遵化境入天津蓟县。遵化境内长城长约74千米，现查有敌楼264座，其中较好的16座，圮残的39座，仅存残址的209座。

遵化境内的洪山口关、马蹄峪关、罗文峪关、沙坡峪关、冷嘴头关、大安口关、鲇鱼石关、马兰关、宽佃峪关九座雄关是中原通往塞北的交通要道，是拒敌于关外的要冲隘口，更是农耕文化与游牧文化的交汇处，中原文明与草原文明的融合点。

洪山口关位于遵化城东北21千米的小厂乡境内，是遵化长城东数第一座关。据《四镇三关志》载："洪山口关，洪武年建。关内外大路宽敞，明时马骑可并队通行。有石城，高一丈五尺、周一百二十一丈二尺。"弘治年间改为松棚营城。传唐朝洪姓人家在此守关，故名洪山口。设廖家峪寨、洪山口关、西安峪寨、白枣峪寨、三道岭寨和松棚路城。

马蹄峪关位于遵化城北偏东11.5千米的侯家寨乡境内，是遵化长城东数第二座关。关城洪武年间依山而建，周长600米，城高4.5米，辟东、南两门，街呈十字，城北建有一座6米高台，台上设有真武阁。因关城酷似马蹄，故将此关称为马蹄峪。设马蹄峪关、天胜寨、舍身台寨、蔡家峪寨，现存完整敌台6座。

罗文峪关位于遵化城北10千米的侯家寨乡境内，是遵化长

1908年美国地理学家威廉·埃德加·盖洛拍摄的罗文峪长城、关南门

城东数第三座关，洪武十四年（1381）重建，设罗文峪关、秋科峪寨、甘查峪寨、猫儿峪寨、山寨峪寨和罗文峪营，现存完整敌台4座。

沙坡峪关位于遵化城北偏西11千米的兴旺寨乡境内，是遵化长城东数第四道关，洪武十四年建，设山口寨、沙坡峪关和沙坡峪营，现存完整敌台1座。

冷嘴头关位于遵化城西北15千米的兴旺寨乡境内，是遵化长城东数第五座关。据《四镇三关志》载："冷嘴头关，永乐年建。通大川，平漫，通众骑，极冲。"设冷嘴头关、石崖岭寨、龙池峪寨，现存完整敌台1座。关城与长城连壁，占地80亩，石城，设南、西、北三门，北门直通长城。

大安口关位于遵化城西北19千米的西下营乡境内，是遵化长城东数第六座关。据《四镇三关志》记载,大安口关,永乐年建。据《读史方舆纪要》载:"明嘉靖三十八年(1559),此口曾被蒙古兵攻陷。"设大安口关、井儿峪寨、琵琶峪寨和大安口营。此段长城毁坏十分严重,已无可见敌台。关城是150米见方的连璧城,南墙设一拱门,门上匾书"大安堡",东有便门,城内有衙门,城南面是校场。

设计作品《长城》

鲇鱼石关位于遵化城西北 20 千米的汤泉乡境内，是遵化长城东数第七座关，永乐年间建，设沙岭儿寨、鲇鱼石关和鲇鱼石营。此段长城损毁十分严重，已无可见敌台。鲇鱼石关因关东长城内侧有一酷似鲇鱼的巨石横卧群山，厮守边关而得名。

马兰关位于遵化城西北 27 千米的马兰峪镇境内，是遵化长城东数第八座关，两侧山势平缓，关口地势平阔。据《四镇三关志》

记载，马兰关，洪武年建。自此向东至喜峰口，旧设有31个关口。设马兰关、平山顶寨、独松峪寨、丰（峰）台岭寨、龙洞峪寨和马兰营。此段长城损毁严重，除平山顶残台外，已无可见敌台。志载因一马兰参将守关而名，又说这里因盛开马兰花而名。马兰关设东、西两个与长城连璧的营城。

宽佃峪关位于遵化城西北30千米的东陵乡境内，是遵化长城东数第九座关，永乐年间建，设宽佃峪关和饿（恶）老婆顶寨。此段长城损毁十分严重，已无可见敌台。宽佃峪关城也就是现在的东陵乡楦门子，是遵化目前保存最完好的一座关城。

正所谓"万里长城谁为最，九关鱼钥控雄图"，遵化长城为中华民族的安宁、繁荣和昌盛作出过不可磨灭的贡献！

第二章

遵化长城八景

一、罗文峪长城

二、马兰关"断开长城"

三、鲇鱼石关水长城

四、马蹄峪"万里无双"楼

五、遵化第一楼

六、鹫峰山"一步千年"

七、洪山口长城

八、古树长城

一、罗文峪长城

畿东锁钥，蓟辽重镇。历史上，遵化向来是军事要冲、兵家必争之地。1931年九一八事变后，日本侵略者占领了我国的东三省。1933年3月，日军分兵数路，攻向长城东部各主要关口，第二十九军在遵化罗文峪长城一带进行了一场保家卫国的殊死搏斗，打响了遵化境内的抗战第一枪。

罗文峪关位于今遵化市的侯家寨乡罗文峪村，马兰关以东，系蓟镇长城中重要关隘。相传，隋朝在这里初建关寨时，曾由一位叫罗文的武将镇守于此而得名。据《四镇三关志》记载，此关，洪武年间建。驻扎官军304员，马6匹，军器320件。城内地势西北高，东南低，关城随山依势而筑，周长约600米，墙高5米，底宽近3米，上宽2.5米。据《卢龙塞略》载："东距千家谷关五里，正关外通大川，各墩空俱通骑，极冲。"关北五十九里为窟窿山，再往北七里为神山岭，十三里为白马川，又十一里为石夹口。此关有南门和北门，门上用多层拱砖砌成。除南门附近由青砖砌成外，城东、南、西三面的其他部分皆由桌面大的巨石砌成。关城内街道纵横，以南、北街为主。城内外古建筑较多，有药王庙、火神庙、关帝庙、观音堂、大寺庙等。城内建有大小不等、规模各异的戏楼4座。如今古建筑大部分拆除，关城的城墙大部分毁于"文革"期间，现只有城西南角部分尚可寻觅到由巨石砌成的墙体残迹及北门位置尚在。

罗文峪关辖4寨1营：秋科峪寨、甘查峪寨、猫儿峪寨、山寨峪寨和罗文峪营。罗文峪关，边城的建筑规模较高，关口为双边墙。其包砖墙较长，从罗文峪关口向东近0.5千米长，两侧均由青砖包砌，内墙为巨石浆砌。边墙高约3米，上宽2米，建筑非常坚固。罗文峪关有敌台22座，烽燧4座，现敌台保存完整1座，较好6座，烽燧只留残址。

罗文峪长城 / 李荣升摄

第二章　遵化长城八景

罗文峪长城 / 李荣升摄

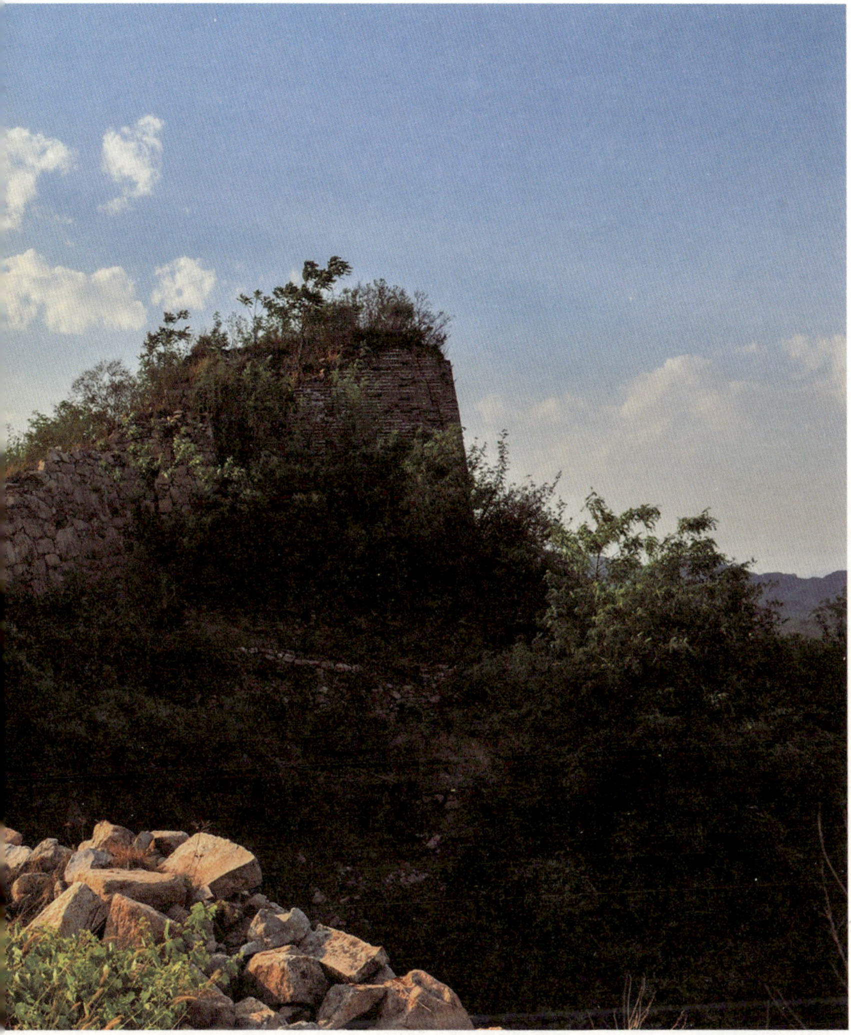

罗文峪长城 / 李荣升摄

第二章 遵化长城八景 / 21

罗文峪长城 / 李荣升摄

罗文峪长城 / 李荣升摄

二、马兰关"断开长城"

被断开的这段长城位于马兰关第二台以西,龙洞峪第二台以东,清代的堪舆家认为是长城压住了龙脉。据《昌瑞山万年统志》载:"又,陵后长城自马兰关第二台以西,龙洞峪第二台以东,俱系龙脉所在,不宜有城,因以撤焉。"

清东陵的太祖山为雾灵山,向南逶迤百余里而为昌瑞山,是为少祖山。少祖山恰被长城压住,这自然为清廷所不容。于是,康熙二年(1663)为修建顺治帝孝陵,将蜿蜒在清东陵后龙昌瑞山上的长城拆除,致使万里长城在此断开。

马兰关,洪武年间建,设平山顶寨、马兰关、独松峪寨、峰台岭寨、龙洞峪寨和马兰营。马兰关也叫马兰谷关,志载因一马兰参将守关而名,又说这里盛开马兰而名。此段长城损毁严重,除了平山顶残台外,长城已无可见敌台。马兰关外通大道,战略位置十分冲要,多有战事发生。清康熙年间设副将镇守,雍正年间设总兵统辖,建有总兵府、校场、鹿场和官房。

设计作品《青山绿水》

第二章 遵化长城八景 / 25

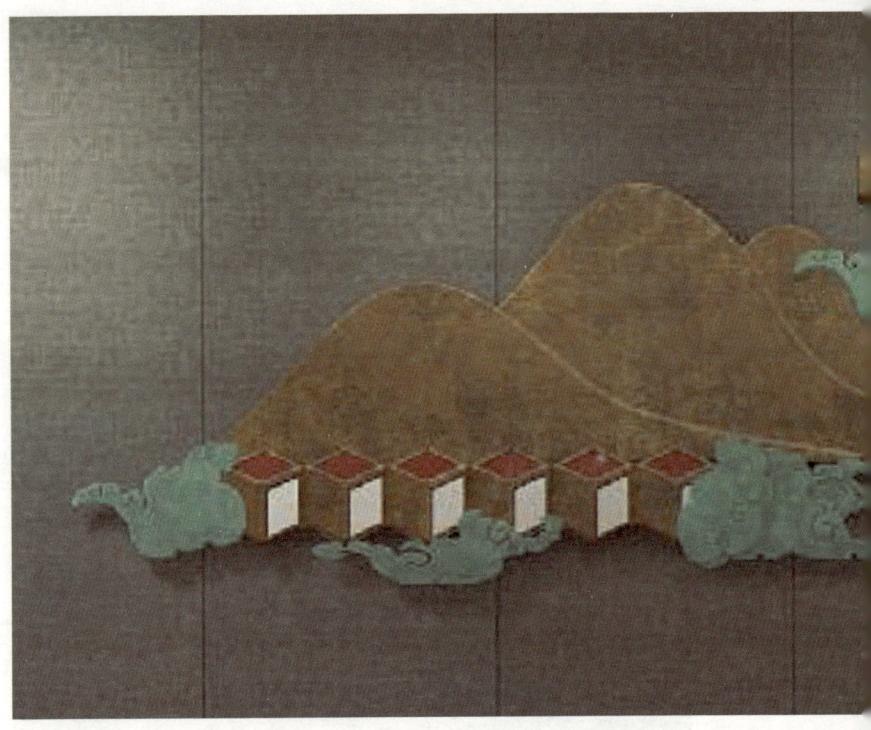

设计作品《关山跌宕 雄峻险奇》

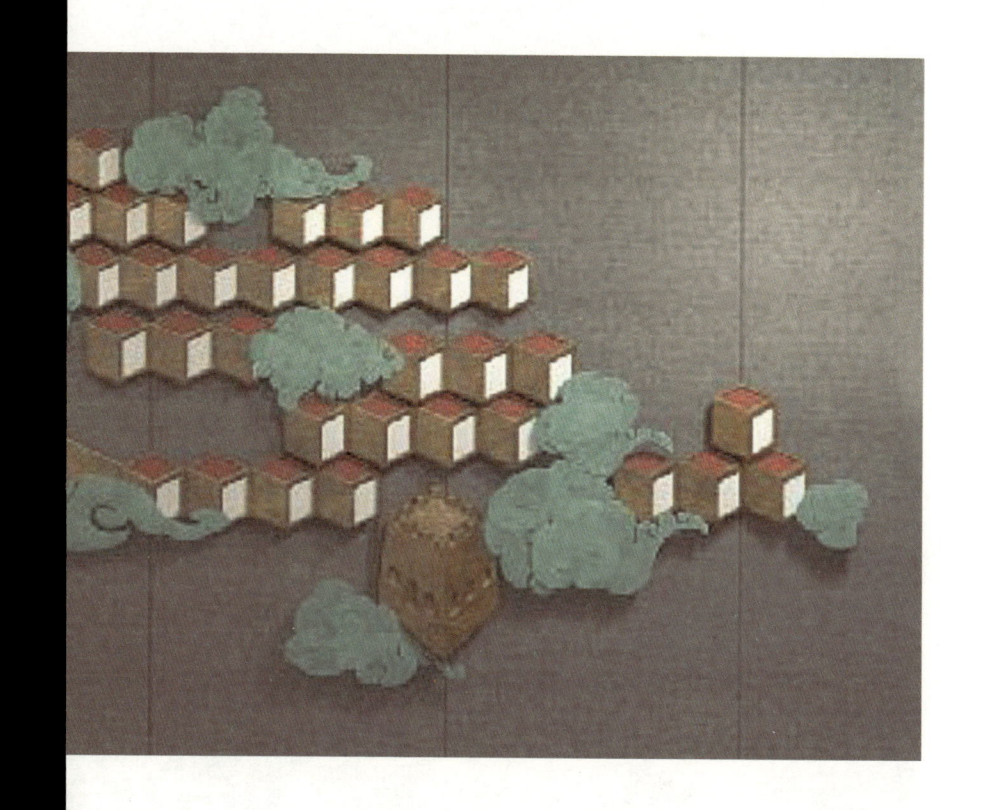

第二章　遵化长城八景 / 27

马兰关长城 / 李荣升摄

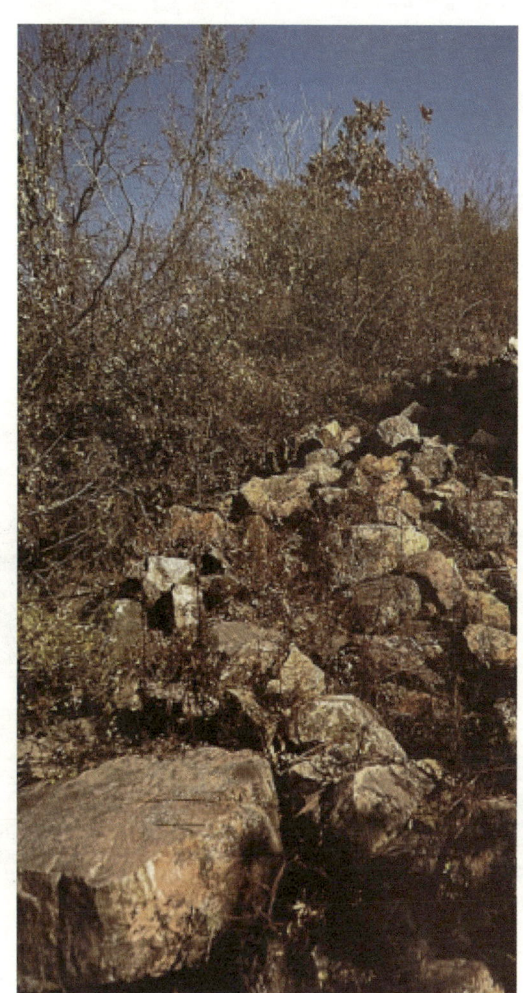

马兰关长城 / 李荣升摄

马兰关长城 / 李荣升摄

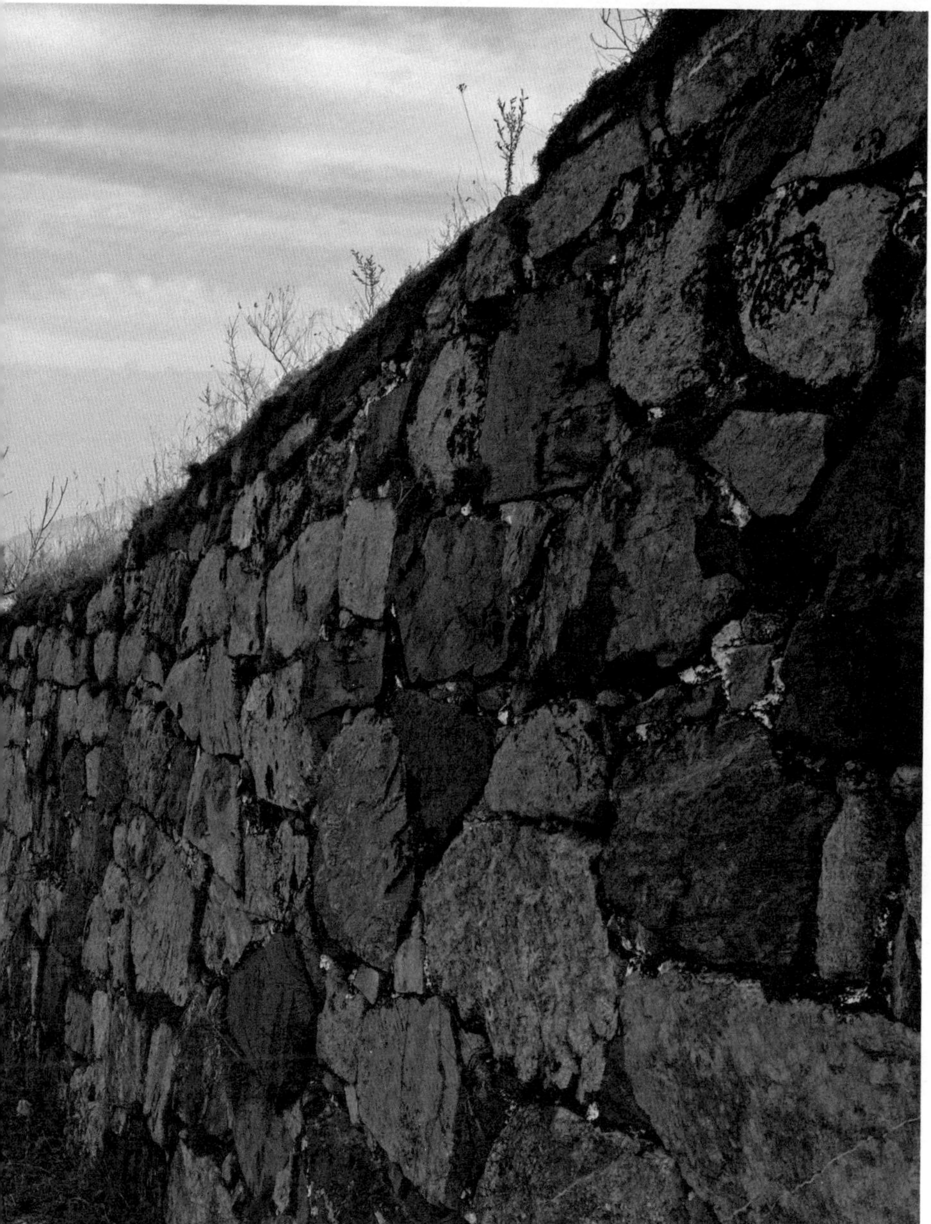

三、鲇鱼石关水长城

鲇鱼石关位于遵化城西北的汤泉乡境内，东接大安口关，西临马兰关与清东陵毗邻。志书记载：鲇鱼石关因关东长城内侧有一酷似鲇鱼的巨石横卧群山，厮守边关而得名。又因其石下蓄着两亩大的水坑，又名鲇鱼池。该关距清东陵很近，故有东陵八大景之一"鲇鱼来游"之说。

据《四镇三关志》记载，鲇鱼石关为明永乐年间建，设沙岭儿寨、鲇鱼石关和鲇鱼石营。鲇鱼石关北部长城多为石砌城墙，现存毁各半，已无可见敌台。明初鲇鱼石关曾受辖于喜峰口路，后受辖于马兰路。鲇鱼石营设在现鲇鱼池村内，曾有真武阁、钟鼓楼和文武衙门，清乾隆赐营城内一亩三分地种烟，誉满京城，皇封"御石高烟"。此关外通大川，战略位置冲要，常有战事发生。

设计作品《鲇鱼石关水长城》

鲇鱼石关长城 / 李荣升 摄

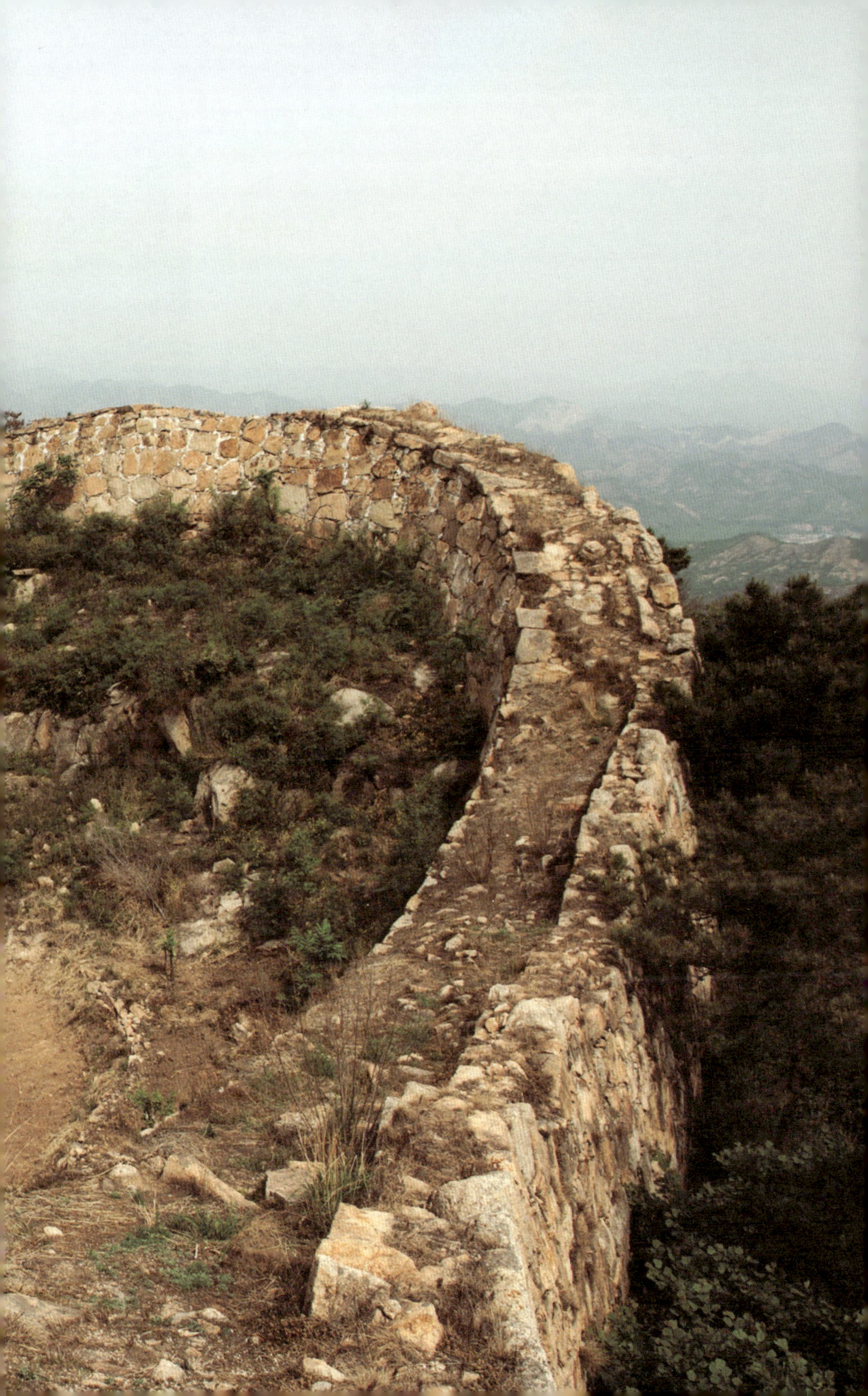

鲇鱼石关长城 / 李荣升摄

鲇鱼石关长城 / 李荣升摄

由鲇鱼池出关咏瀑布水

清·爱新觉罗·玄烨

巉岩瀑布挂前川,
树冷烟寒羃碧天。
关外黎民风俗厚,
涵濡威德已多年。

爱新觉罗·玄烨(1654—1722)即清圣祖康熙皇帝,系清世祖顺治皇帝第三子,8岁即位,在位61年。执政期间,文武兼济,政绩卓著。

鲇 鱼 石

明·杨忠裕

幽关切傍马兰开,石势鱼龙亦怪哉。
了近官人频击鼓,心惊戍妇尽登台。
池亭铜雀荒姬馆,碑石燕然乏史才。
但愿徜徉好风日,甘将壮志付蒿莱。

杨忠裕,华亭(今上海松江区)人,时任蓟州守备,曾多次踏临鲇鱼池。

鲇鱼关

清·王芑孙

山压孤城断,关临大漠开。
列屏高碣日,阴壑自生雷。
古隘鱼灵守,秋空虎气来。
继光曾转战,锁钥想边才。

王芑孙,字念丰,号惕甫,一号铁夫,长洲人。乾隆戊申召试举人,官华亭教谕。著有《渊雅堂集》。

设计作品《长城》

四、马蹄峪"万里无双"楼

"万里无双"楼位于遵化市侯家寨乡马蹄峪村大石峪景区。景区北依马蹄峪,南邻般若湖,东连鹫峰山,西接罗文峪,由马蹄峪长城、大石峪峡谷和大石峪湖三部分组成。马蹄峪长城洼子楼敌台位于尖楼东侧,设计精巧,用料精细,工艺精美,因地理位置较低好似在山洼而得名,也叫"万里无双楼"。在此楼西侧有天然巨石矗立,与敌楼齐高,堪称"天人合一"。时任中国长城学会常务副会长兼秘书长的董耀会先生欣然题写"万里无双"。此楼12米见方,为三通道结构,东西两面两箭窗中各有一门,南北两面偏上方各有三个箭窗,台内中空,砖楼梯可通台顶。敌楼外装饰十分独特,券拱门额上有仿木斗拱的出檐与刻砖花饰。

马蹄峪关口位于峡谷北端。据《四镇三关志》载:"马蹄峪关,洪武年间建,正关、稍城俱通骑,极冲。其余各墩台均通步。"关口东西相距仅20余米,两侧山崖耸立如壁,壁上敌台对峙,边墙蜿蜒。距马蹄峪关口南1千米处,

设计作品《万里无双》

依河西山间盆地西北建有马蹄峪关城。关城四周的城墙呈不规则正方形。因城墙西北角与东北角不是直角而略呈弧形，正如马蹄踩下的痕迹，所以古人将此关称为马蹄峪关。

马蹄峪长城 / 李荣升 摄

第二章 遵化长城八景

马蹄峪长城 / 李荣升摄

马蹄峪长城 / 李荣升摄

马蹄峪长城 / 陈东星摄

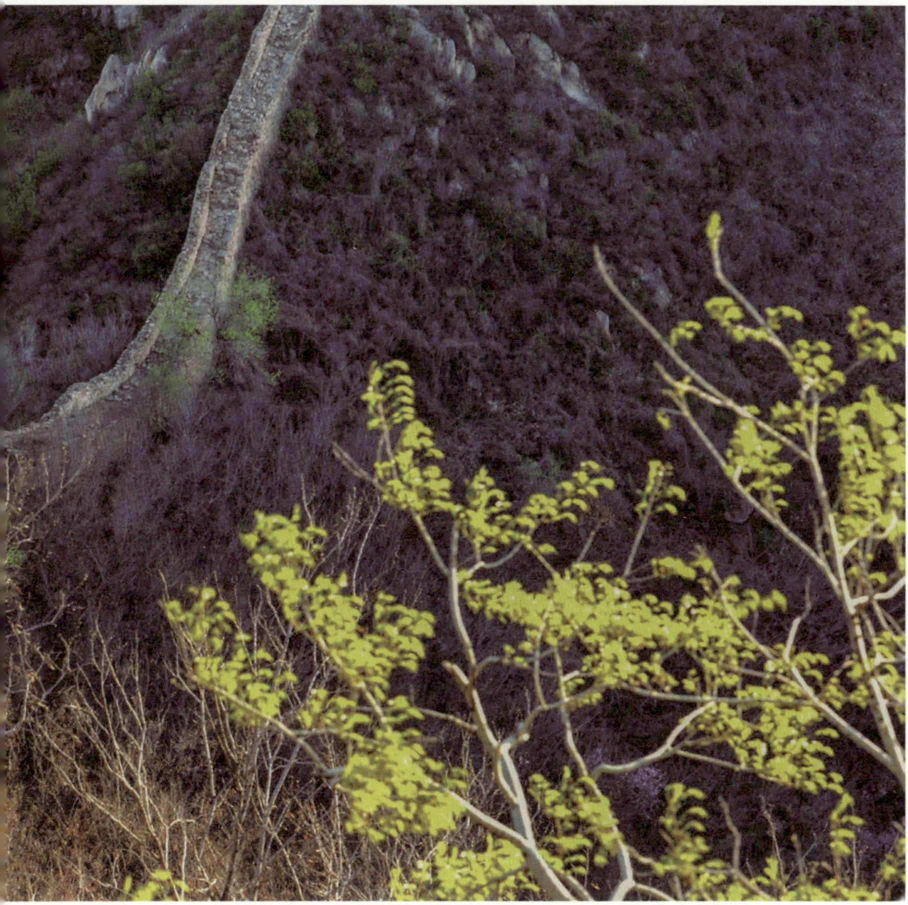

五、遵化第一楼

"遵化第一楼"即尖楼,位于遵化市侯家寨乡马蹄峪村大石峪景区洼子楼西侧。因建于关口东山顶上的敌台在遵化长城中海拔最高而得名,敌台前有一块刻有"至高无上"的石碑,所以当地人也称其为"至高无上楼"。马蹄峪关辖天胜寨、舍身台寨、蔡家峪寨3寨,有敌台36座,烽燧6座。位于山顶上的尖楼气势最雄伟,保存得最完整。

设计作品《遵化第一楼》

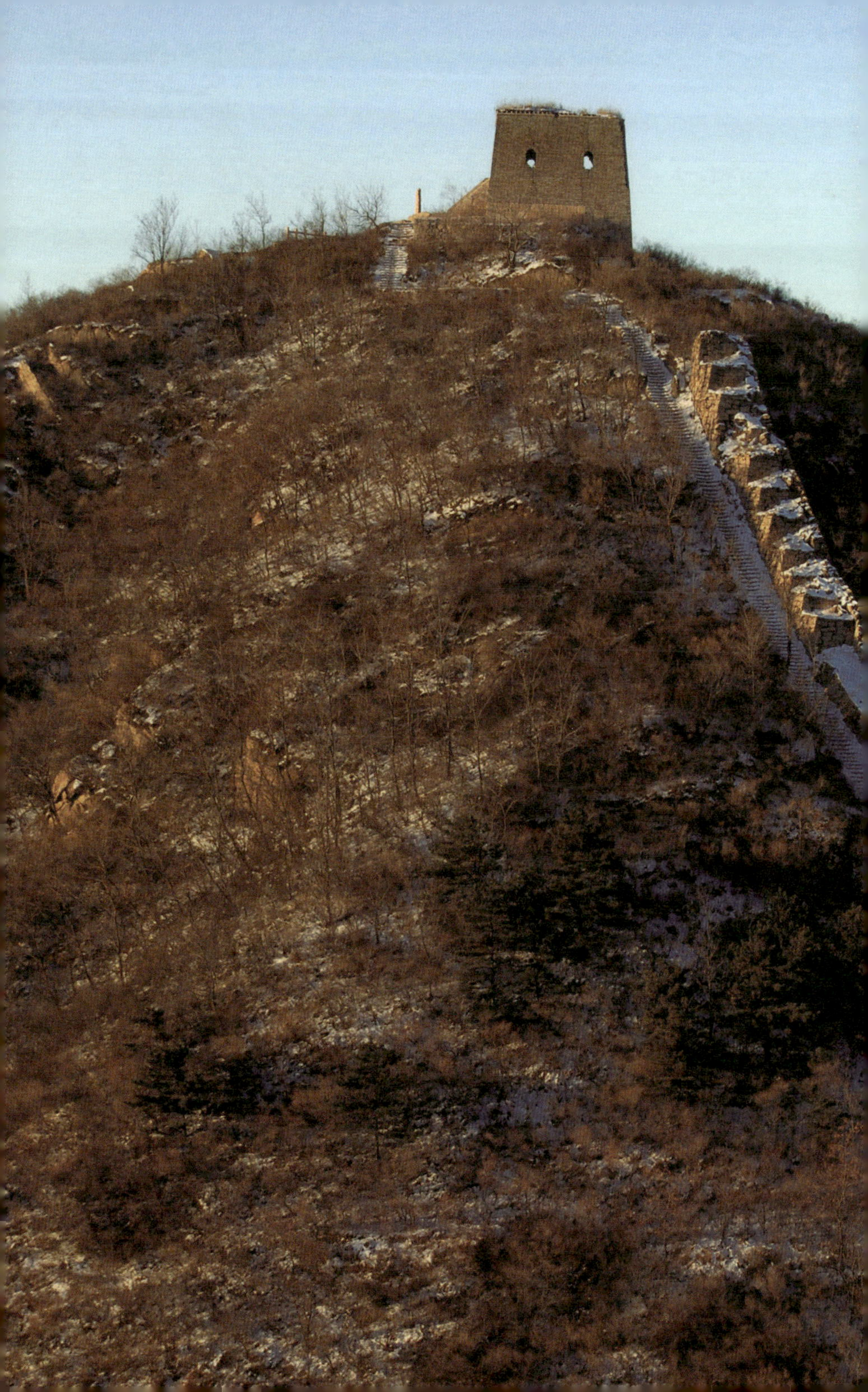

遵化第一楼 / 李荣升摄

遵化第一楼 / 李荣升摄

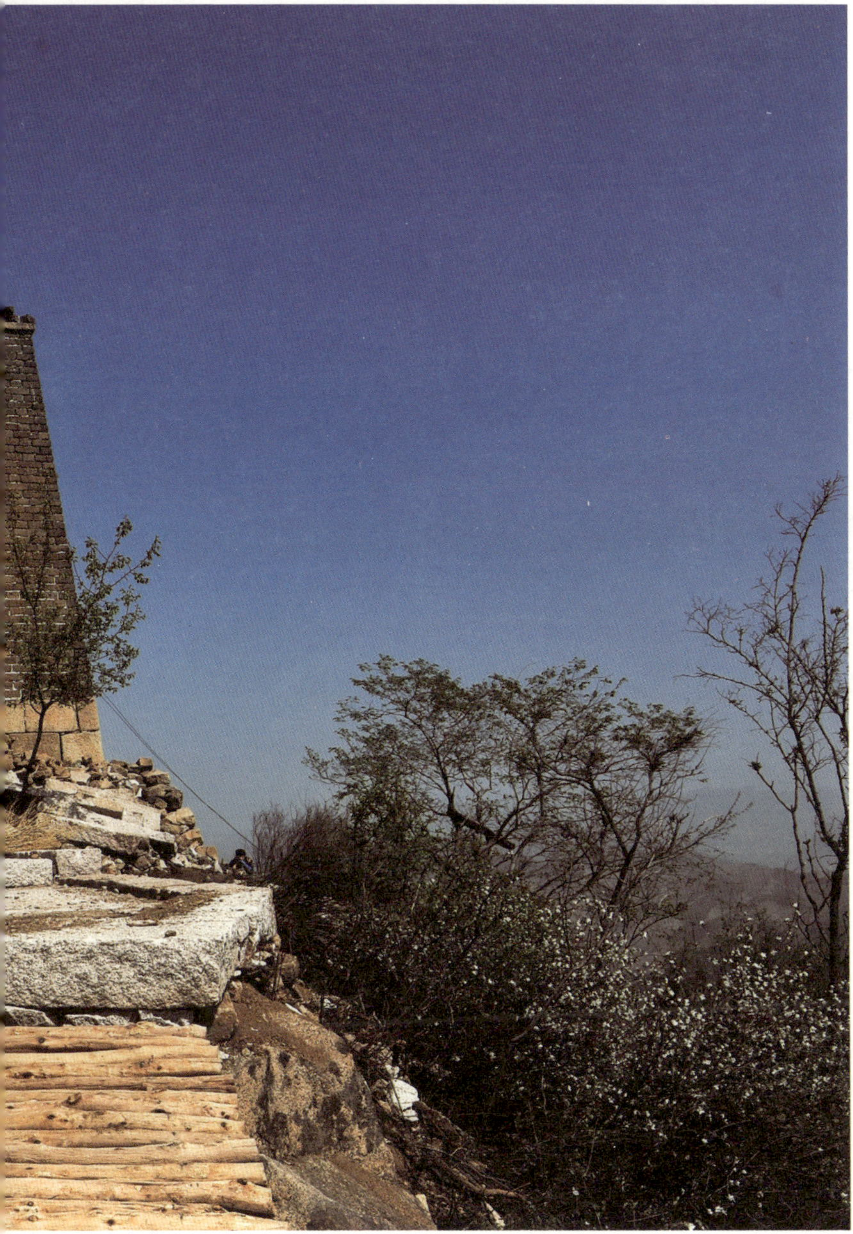

六、鹫峰山"一步千年"

在遵化市区东北17.5千米侯家寨乡的鹫峰山景区内,有一段长城号称"最窄长城"。这段古长城就是原汁原味的北齐长城,长1.2千米,最窄处仅为70厘米,距今已有1400多年历史。

戚继光任蓟镇总兵官期间,自隆庆三年(1569)起,开始修墙、筑台工程。他在其他段北齐长城基础上加宽加固砌上砖墙,并骑墙建楼,增设了众多空心敌台,但唯独保留了这段北齐石砌长城。当公元6世纪南北朝时期北齐修建的石长城与公元16世纪明朝修建的砖长城连接在一起时,当地人称"一步千年"。

鹫峰山,旧名三台山。其东与寨主沟接壤,南眺般若院水库,西连五峰山,北依长城遥望洒河川的兴隆县半壁山,海拔880米,怪石嶙峋,景色宜人。据《遵化州志》载:"州东北三十里,山盘曲三层,若台,故名。"主要以山头而言,分为前台、中台和后台。前台较为低平,古时供僧道们习武练身之处;中台陡险,又名舍身台;后台在中台南面下端,即所言鹫峰岭,原建有栖云寺和祖师庙。

设计作品《一步千年》

第二章 遵化长城八景 / 57

鹫峰山景色袭人，人文景观与自然景观浑然一体，有着古、奇之特，其天然景致及掌故一直流传于民间。

栖云神井：在栖云寺内。不论多雨还是干旱，井水总在5米深左右，涝不深，旱不浅，水质纯正，入口甘甜，清凉爽口。相传武财神赵公明寻找清修之地来到景忠山，想在此居住，其妹碧霄元君娘娘不允，因此一气之下用宝葫芦装走了景忠山的水到鹫峰岭，选中了现在的栖云寺之地，将宝葫芦埋入地下而得"神井"。

松猴拜佛：在中沟东侧山坡上，一块猴形怪石与正北两棵松树相傍，其中那株小柏树奇妙地生长于猴石顶端，与猴石浑然一体。远远望去，恰似顽皮金猴正在合手虔诚地顶礼膜拜。

戎马遗鞍：中沟底——巨石横卧，中间洼，两头高，形似马鞍，传说为明代将领戚继光所遗。

峭壁飞瀑：在陡峭石壁和古树掩映下，有一小瀑顺流而下，此瀑四季皆有清泉流泻。尤其冬日恰似洁白雪帘悬挂于山腰，煞是引人注目。山脚下有几处小山泉，清澈的泉水缓缓溢出，为孤寂的山景增添些新意。

鹰龟对峙：在三台的顶峰，一巨形怪石像苍鹰振翅欲飞，便是人们传说的"鹰石"。与其相呼应的是中沟西侧一巨型"龟石"，乍看犹如一乌龟缩头缩脑，欲与苍鹰比高低。两处景观浑然天成、相得益彰。

设计作品《鹫峰望长城》

虎蛇相觑：一处是恶虎张开血盆大口而虎视眈眈，一处则是充满神秘的银蛇藏身于眠穴。两洞附近有一处"小洞天"，泉水叮咚，连绵悦耳，好像弹奏一曲虎蛇无争、和平共处的乐章。

小松盆景：这是一块形似花盆，顶部稍凹的圆形巨石，一株秀丽碧绿的小松树从石盆石缝中顽强地生长着，游人为小松树那旺盛的生命力而赞叹不已。

云栖峰峦：每至夏秋，这里经常出现山顶淋雨山下晴或山下淋雨山上晴的景象。同时，人们常常望见朵朵白云游荡在峰巅之下，盘旋缭绕，像留恋不舍似的，故在此建寺时，以此景为名。

古树雄姿：如今废寺上仍然屹立着3人合抱粗的柏树，人们传为"唐柏"，至少也有四五百岁了。一株银杏树，也传为唐时所栽。旁边还有几棵10多米高的老杏树、老桑树、老桃树，其树龄也有数百年之多了。

棋盘生辉：登上山顶，便见一巨石上刻印着一块方正的棋盘。据传，400多年前的蓟镇总兵戚继光，曾经在此处与裨将杨四畏对过弈，借机教训过这个暗害他人的跳梁小丑。抗战时期，冀东军分区副司令员包森同副官姚铁民等，也曾在此处借下棋研究过作战方案。

登舍身台

明·戚继光

一

向来曾作舍身歌,今日登台意若何?
指点封疆余独感,萧疏鬓发为谁皤。
剑分胡饼从人后,手掬流泉已自多。
回首朱门歌舞地,尊前列鼎问调和。

二

断崖垂绠几凭虚,却笑山猿技不如。
古戍春残初见雁,故园愁绝冷看鱼。
百年俯仰谁巾帼,五尺涓埃自简书。
沙碛传餐君莫叹,边臣应得戒衣袽。

戚继光(1528—1588),字元敬,号南塘,晚号孟诸,登州(今山东蓬莱)人。世袭登州卫指挥佥事,以参将备倭浙东,制鸳鸯阵破倭于台州，以总兵镇福建，世称抗倭名将。隆庆二年（1568）五月，以右都督总理戎政，调任蓟镇总理练兵事务兼任总兵官。镇蓟16年中，筑城堡、立车营、增募南兵、巩固边塞、使胡尘不耸，民享生全极矣。汤泉大阅后，升为左都督。万历七年（1579）援辽后，加秩太子太保和少保。他结发从戎，间多百战。后因人言波及而移镇广东总兵。万历十五年（1587）腊月，60岁时卒于故里。万历末赐谥武毅。他深通兵法，用兵飚发电举，号令严明，一生廉洁，为世人留下《纪效新书》《练兵实纪》等兵书及诗文《止止堂集》。

戚继光手书《舍身歌》拓片

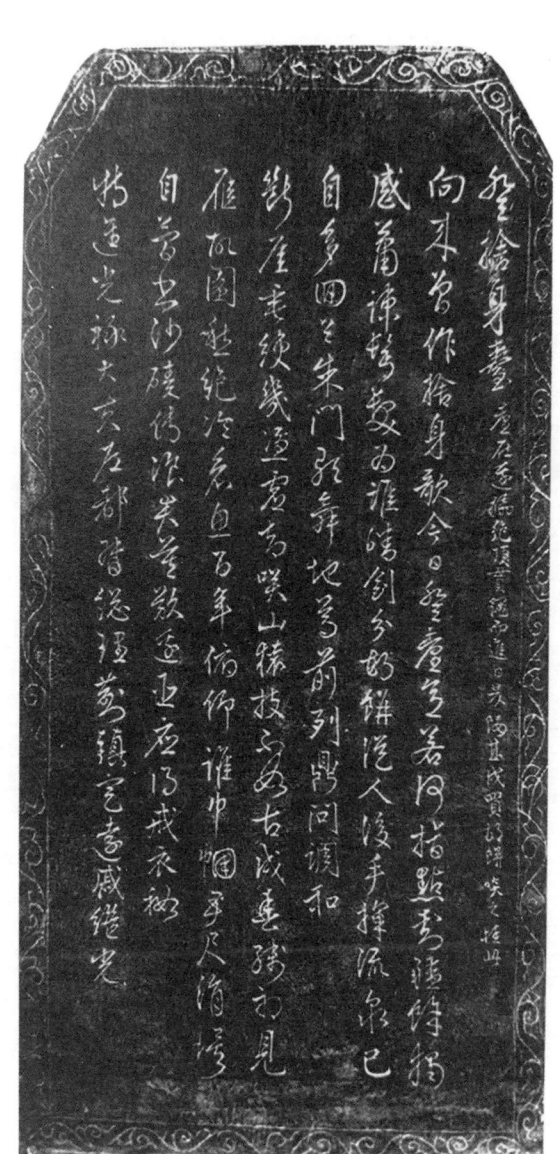

设计作品《鹫峰山北齐长城》

鹫峰山最窄北齐长城 / 李荣升摄

鹫峰山 / 张志广 摄

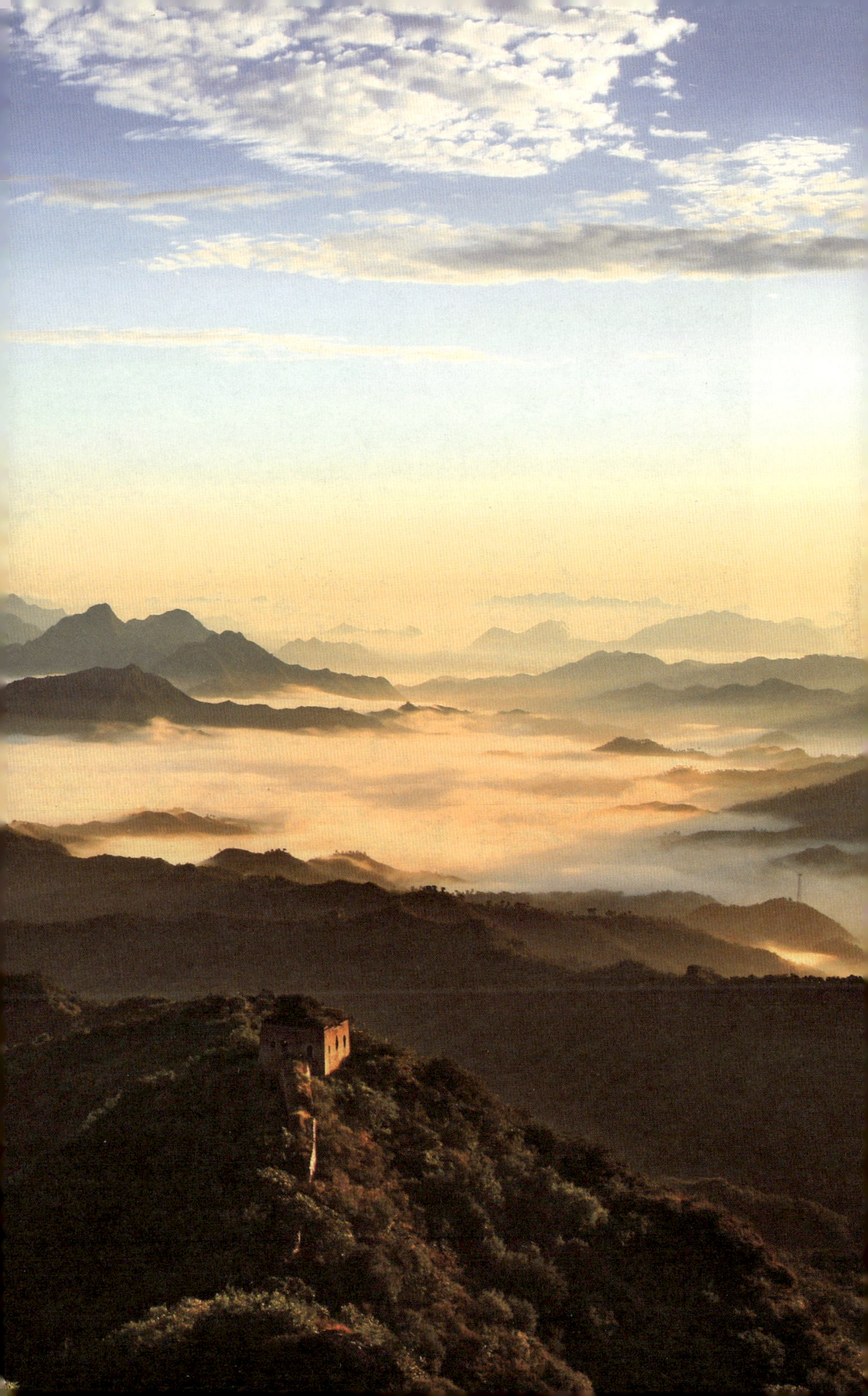

鹫峰山 / 翟小勇摄

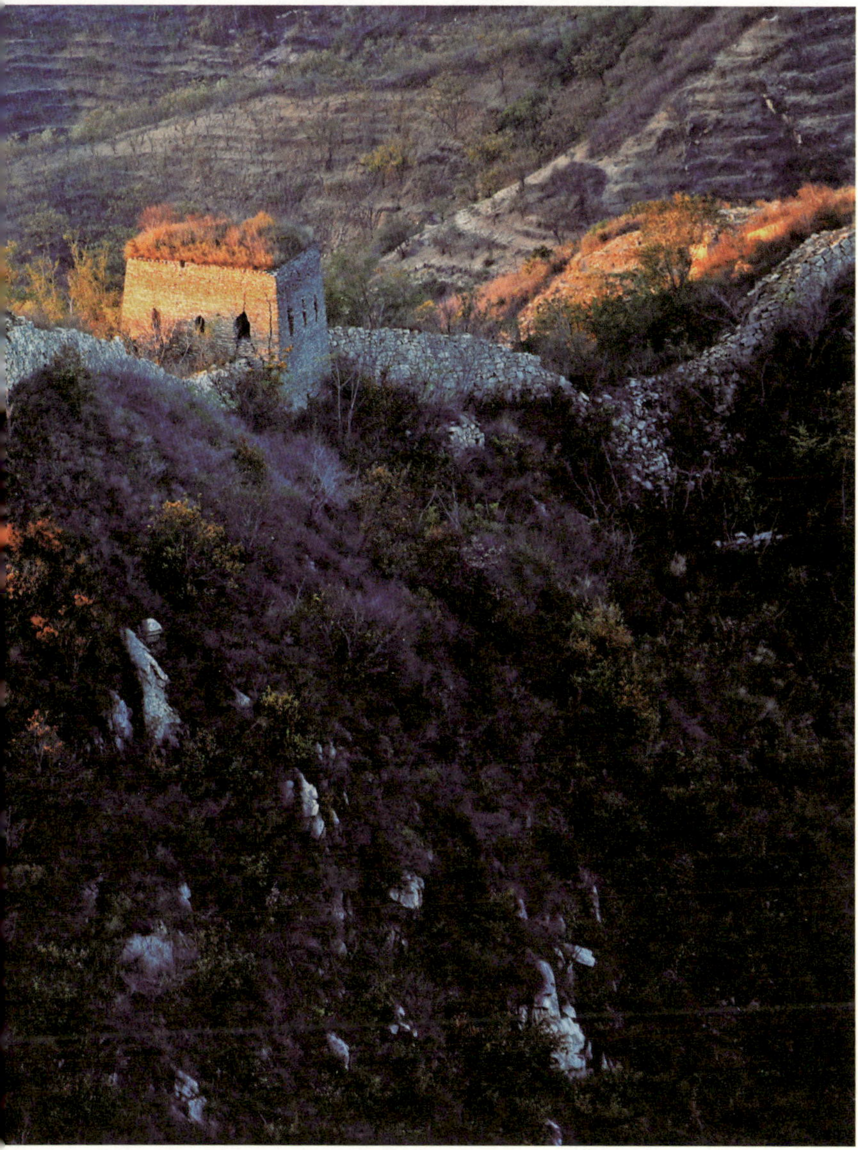

七、洪山口长城

雄关古城——洪山口关,又称洪山寨,位于今遵化市小厂乡洪山口村。口外地势平坦,有大路通正关和西偏关等地,为罗文峪至迁西县境内长城上的重要关口。

洪山口关,据《卢龙塞略》载:"西北至神仙岭,又至大到沟,过撒河步通马兰谷岭。"依地势而建,似"品"字。关城东

西长约400米，南北约200米。城墙为土、石、砖所筑，高三丈，厚一丈有余。关城设有东、西、南三门，东、西两门对开偏北，南门偏西。向南有土路通向南城子。每座城门都建有城楼，东门楼高一丈六尺，西门楼高二丈五尺，南门楼高两丈，所有城门均成拱形，宽约两丈。

现关城仅存北墙，有3座楼，分居正中和东西两角。中间1座楼残址尚存，西南角有砖砌楼梯。东西2座楼已无遗迹。

关城中有一座明代修建的古戏楼，坐南朝北，分月台和后台两部分，中间有一道隔扇，北部为戏台，南部为月台。东侧为配房。东西两侧开门，门前有木柱4根，墙顶有直径约1米的圆孔

洪山口长城／岳树林摄

设计作品《长城》

为通风口。屋顶为木构歇山顶,楼顶左右为斜脊,出檐"二尺余",无斗拱,两椽前后交错支撑,顶棚是天花板,图案模糊不清。台基南北长 9.35 米,东西宽 6.2 米,占地面积 57.97 平方米,地面到顶通高 7 米。

明时设参将镇守于此,为松棚路的路城,属蓟镇长城的十二路之一,时有参将把守,隆庆年间设提调驻戍。关城外东、西、南三面修筑哨堡,守护山口要道。洪山口关,从军事角度来看,战略地位极为重要。然而,明代前期,一直未引起朝廷重视。明崇祯二年(1629),皇太极率 5 万士兵曾以此地为突破口,攻破长城防线,并攻陷遵化城直逼京师,从而震惊朝野。

洪山口长城 / 李荣升摄

洪山口长城 / 李荣升摄

第二章 遵化长城八景

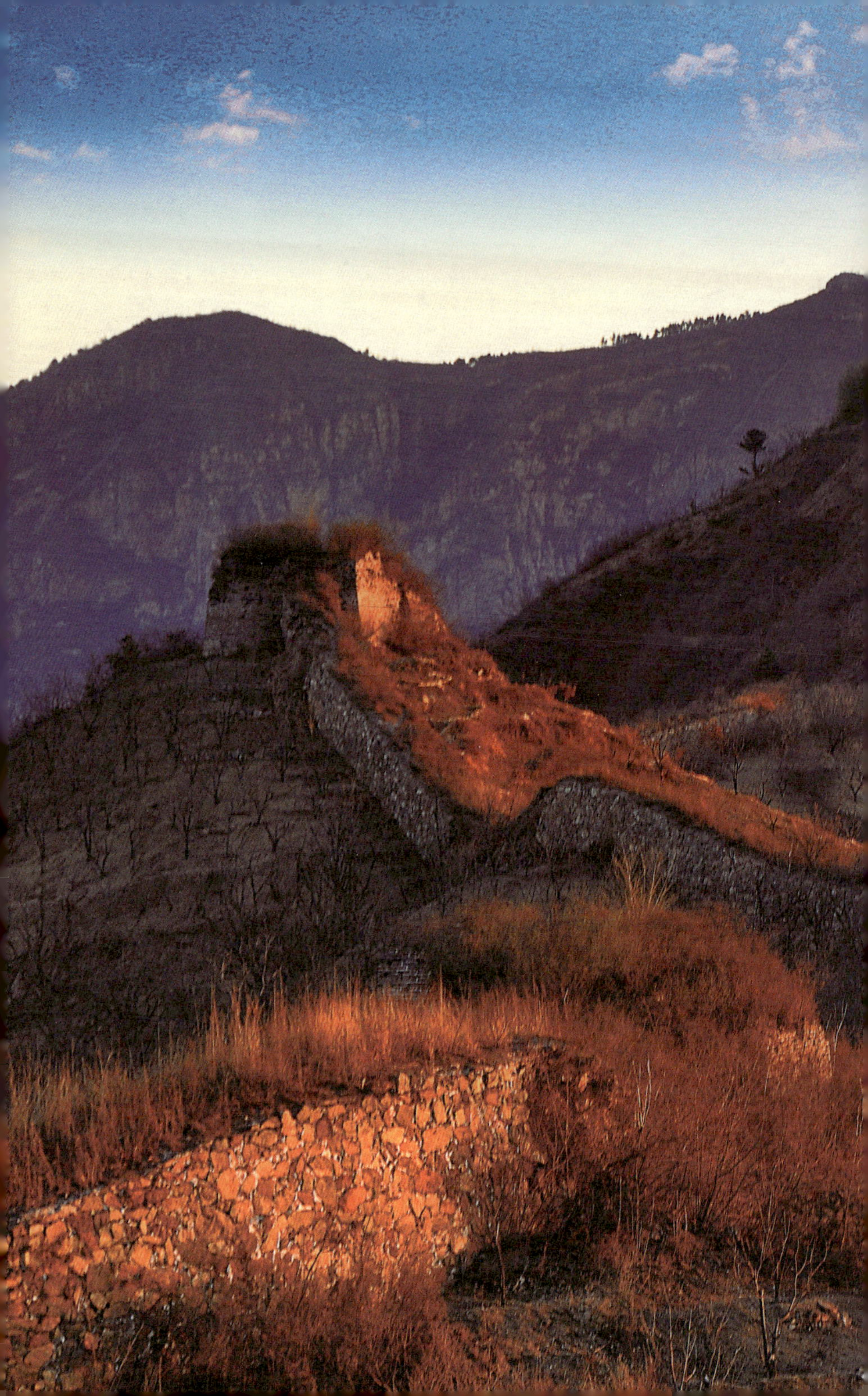

洪山口长城 / 岳树林 摄

洪山口长城 / 岳树林摄

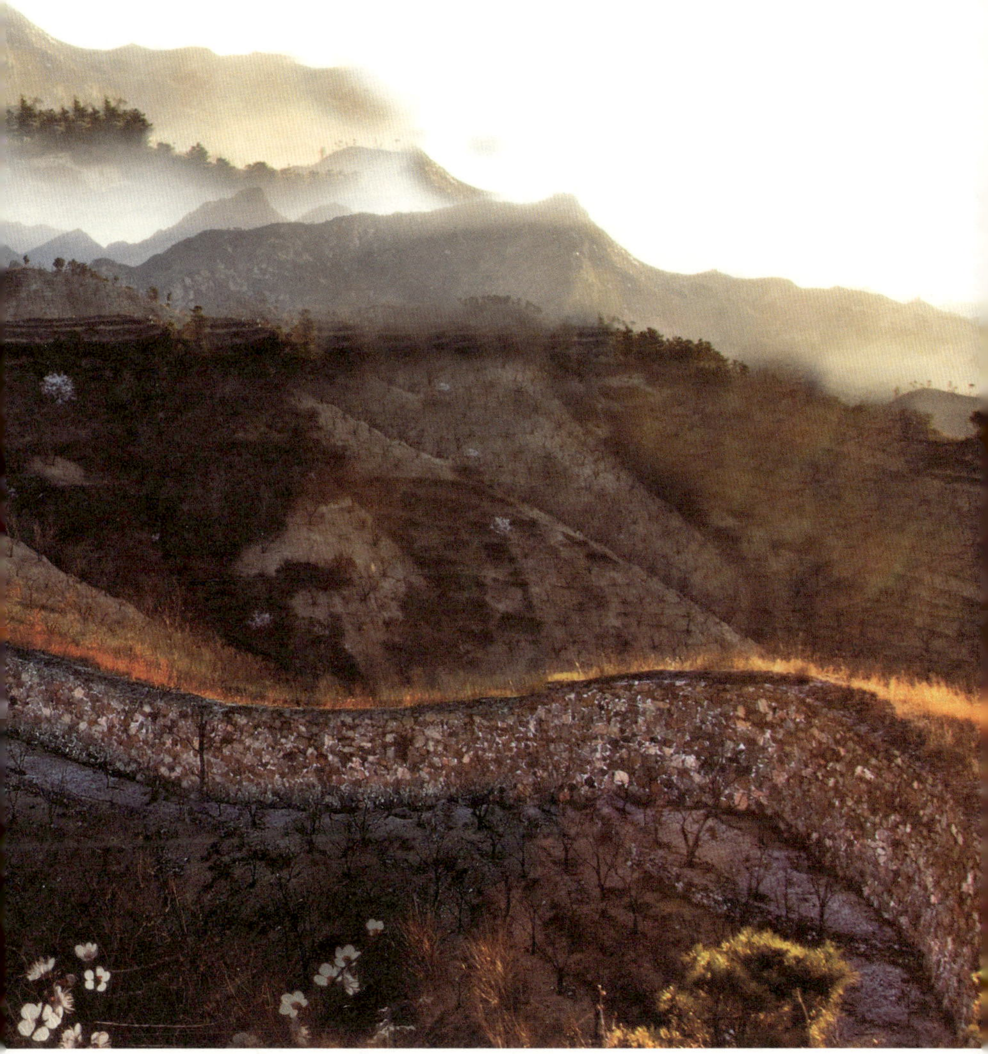

八、古树长城

被誉为"古树王国"的寨主沟村位于遵化市小厂乡,因其地理环境适于树木生长,所以这里古树众多。在村北山上有棵柞树,俗称"橡子树",据传已有一千多年历史。树型伟岸高大,像一尊大佛一样矗立在村北,村民们把它看成了"保护神"。

相传,明抗倭将领戚继光曾在老橡树下咏古论今,壮怀激烈,抒发着满腔的爱国豪情……

明崇祯二年(1629),清太宗皇太极率军进攻中原,打下遵化城后曾在洪山口歇兵三日,来到寨主沟老橡树下亲口吃了橡子面饸饹。

古树是一个地方历史的见证,它经历朝代的更替、世事的沧桑,每一片树荫下都收藏着一段历史,承载着人们的情感,是历史文化传承的"活化石"。

千年橡树

设计作品《千年古树》

设计作品《千年古铁 + 长城》

设计作品《传统窗棂+长城》

第三章

遵化长城八事

一、买马监

二、汤泉阅兵

三、戚继光抗敌

四、皇太极驻跸洪山口

五、康熙拆长城

六、金墩传说

七、罗文峪长城抗战

八、四野进关

一、买马监

"遵化"之名历史悠久。据旧志记载：遵化在夏、商为幽、冀之地，周初为燕地，春秋属无终国，战国燕灭无终，属燕之古北平郡。秦为右北平、渔阳二郡地。汉为徐元、俊靡二县，属右北平郡。三国魏除徐无、俊靡二县外，兼有土垠县地。晋初仍为徐无、俊靡二县，属北平郡，后俊靡并入徐无。北魏太平真君七年（446）废北平郡，徐无县改属渔阳郡；北周，徐无并入无终县属渔阳郡。隋大业三年（607）废无终并入渔阳县。唐武德二年（619）分渔阳复置无终县，贞观初又废，乾封初复置，属幽州；武后万岁通天二年（697）为玉田县地，属营州；开元十八年（730）属蓟州；天宝元年（742），在今遵化境地建平州买马监，作为买卖军马的聚处，管理军马买卖。后唐（923—936）在平州买马监（监为近似县一级机构）地置遵化县（建年无考），属蓟州，遵化名称始于此。"遵化"二字据《遵化县志》记载含义是：遵循孔孟之道，教化黎民百姓。

设计作品《构成主义+长城》

二、汤泉阅兵

汤泉，位于遵化市西北17.5千米的茅山南麓。东以汤泉岭为界与西下营乡接壤，西连马兰峪镇遥望清东陵，南下3.5千米系横贯的堡（子店）东（陵）公路，北上3千米为上关湖。泉池坐北向南于福泉山腰，呈盆底状。有村曰汤泉，今属汤泉乡所辖，被誉为"京东第一名泉"，北面紧靠长城。由于特殊的地理条件和环境，历代就受到世人的重视和推崇。

遵化，古属幽燕之地。汤泉，早在1000多年以前就已成为人们疗疾、沐浴之地。郦道元《水经注》载："渔阳之北有温泉。""养疾者，不能澡，其炎漂，以其过灼故也。"《景物志》载："汤泉者十有六，最著骊山（华清池），最洁香溪，最热遵化。"唐代贞观年间，因有温泉建造了古刹；明永乐和宣德年间，很多宗师来古刹讲经说法，远近参谒者非常之多；明正德四年（1509）重修古刹，宪宗皇帝赐名为"福泉寺"。这里山环绕东北，水流向东南，花木茂盛，风景优美，土脉常年如春，非常有益于人民生产和生活。

戚继光任蓟镇总兵官期间，曾带领官兵来汤泉疗疾，并利用空闲，将温泉池、流杯亭进行了彻底的修葺，使之焕然一新。又新建九新亭、六棱石幢等。

为了加强北边防务，戚继光被明廷调至边关训练边兵。隆庆元年（1567）十二月，戚继光奉命北上，到京师不久，便上《请兵破虏四事疏》，提出自己的边防策略。戚继光虽然全权负责蓟州一线防务，但练兵主张却得不到明廷支持，于是将精力主要用在了修建长城等防御工事上。戚继光修建的长城由城墙、敌台、墙台、烽火台、关城等几部分组成。自隆庆三年（1569）起，开始修墙、筑台工程。到隆庆六年（1572），第一期工程结束，蓟镇和昌平镇共建成1200多座敌台。此后，在万历年间又完成了第二期、第三期工程。这些敌台成为防御蒙古骑兵进攻的有效工具，不仅高大坚固，还可以贮藏武器、粮草；既可保护士卒安全，又能凭坚固守。

戚继光按着他编撰的《练兵实纪》又将全线军士进行了彻底的训练。当时他非常想将全线十几万人，按车、步、骑、辎等兵种在统一协调指挥下，进行一次大规模的操练。于是，于隆庆六年秋上疏朝廷。很快朝廷就批准了他的合练及大检阅的计划。大学士张居正还亲自致函予以鼓励。十月下旬，朝廷派兵部右侍郎汪道昆一行百余人，对其演习进行了大检阅。为了防止鞑靼乘虚

捌枝每根重三两，火绳每根长二丈，重五两。

重六斤，五斤尤妙。

鸟铳

空心敌台

藤牌

石炮图

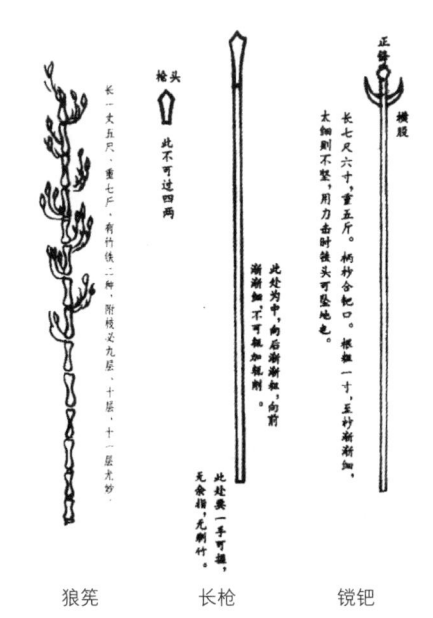

狼筅　　长一丈五尺，重七斤，有竹铁二棒，附枝必九层、十层、十一层尤妙。

枪头　此不可过四两

长枪　此处为中，约后渐渐细，向前渐渐如，不可粗加制。此处要一手可握，无余指，无剩什。

正峰　横股　长七尺六寸，重五斤。柄杪合把口。根粗一寸，至杪渐细。太细则不坚，用力击时接头可坚也。

镋钯

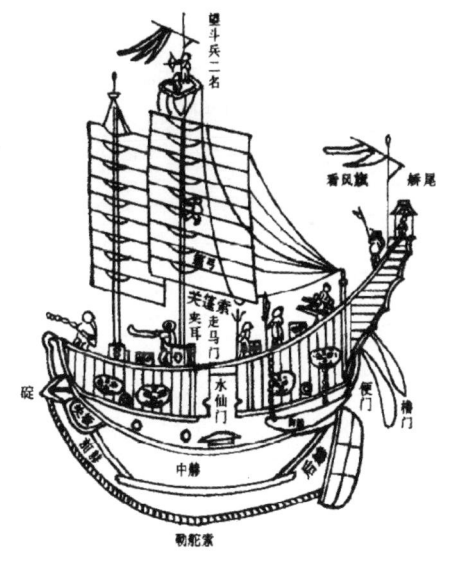

福船　望斗兵二名　看风旗　艄尾　篷　芙蓉索　走马　水仙门　便门　椗　舵门　勒舵索　舡　中勒　后勒

第三章　遵化长城八事　／　93

而入，留下4万精兵把守各个塞口。

距遵化城西12.5千米之地，是一片长宽各二三十公里的开阔地。东起堡子店，西至马兰峪，南达水门口，北靠长城，中间村庄稀少，恰好是阅兵的好场所。戚继光特意在京沈公路上的堡子店驿站旁建座高10米、长宽各20米的阅兵台，又称观阵台。传说，此石堡原为元代天顺年间（1330年前后）元帝争夺帝位时鏖战之地。戚继光加以扩大，始成"堡子"。堡子西面，坐东面西地建座庞大的辕门。

戚继光为了布局合理，到蓟镇后将居庸关至山海关的长城线分成12路（又称分区），每路设一参将把守，四路设一协守，由副总兵负责。即东协驻建昌营（今迁安市东北），辖山海关、石门、台头、燕河四路；中协驻三屯营（今迁西县西北），辖太平、喜峰、松棚、马兰四路；西协驻石匣营（今密云区北），辖墙子、曹家、古北、石塘四路。总理兼总兵戚继光驻三屯营统管全镇；总督驻密云，督管蓟、辽、昌、保四镇；顺天巡抚驻遵化，整饬蓟、昌二镇边备。

戚继光将演习场选在汤泉以南，因此处不仅地势宽敞，能容十几万大军操练，又是蓟镇的中心，距总兵府较近；还由于这里有京东第一名泉，风景秀丽，古来备受名士们仰慕。大阅兵之前，戚继光已多次在此接待朝廷要员。

大阅兵前一日（即十月二十一日）上午，戚继光率本镇参加军事练兵的材官以上将官们，列队汤泉行馆旁的关帝庙前，按照他写好后发至官员们手中的《誓词》正式宣誓：

"隆庆壬申（六年）月日，具官某等谨誓告于汉寿亭侯关公之神，曰：'光等厚荷国恩……凡我偏裨，自协、副、参、游、都、守、提调等官而下，必廉以身，俭以节费，公以给饷，任怨以禁科敛，多方以察饥寒……'"

当天夜里，汤泉的东、南、西三面，一座营盘挨着一座营盘，围绕着这片周长数十千米的开阔地：即渤海寨、哨马营、六拨营、提举坞、曹各寨、官庄、马坊、新寨等，彼此配合，相互联系。这12路大军，旌旗云列，桴鼓相应，灯火弥漫，如同望之不断的长城，随着地势高低，山脉起伏，蜿蜒伸展，气势十分雄伟、壮观。

次日清早，戚继光迎接以兵部右侍郎汪道昆为首的朝廷大小官员与蓟辽总督刘应节、顺天巡抚杨兆、职方郎中申用懋、天津道杨锦、密云王湘、蓟州徐公、永平孙公，以及各协副总兵，各路参将、材官等1000余人，齐聚辕门内外。

众人相互行礼、寒暄过后，戚继光向汪道昆请示：

"今日集中十几万大军进行合练，实为千古少有之壮举。臣下不希望此次检阅只是虚应故事，我要按临阵一般，件件从实处做事。敢请少司马同各位大人准允免去一切参谒之礼！"

汪道昆点头表示："大帅所言甚妥，凡军中之事，请大帅自作主张，不必再行请示。"

此际，遥望汤泉南面的平川上，旌旗猎猎，鼓角隆隆，13万大军按车、步、骑三大营，分为12路，由各路将官统领，环阅台数十里列阵。数百名将官分列在阅台两侧，等候检阅。随后，在鼓乐声中，戚继光陪同汪道昆驰骑巡视阵容，后登上阅台坐定。不多时，总旗牌官前来报告：一切准备就绪。戚继光向少司马汪道昆、制府刘应节作过请示，便下令："演阵开始！"

突然，事先派往边墙以北1万余名装扮之敌的"塘马"（即蓝军），出现在鲇鱼关外。随着号令，十八烟墩上升起一股狼烟。在《传烽歌》的呼喊下，只见相邻的烽火台上，一缕缕烽烟相继而起，不到半天时间，蓟镇全段防线都得到了警报。并得知此次烽堠警报来自鲇鱼关至马兰峪的长城线上。按作战预案，不待命令，西路石塘岭、古北口、曹家路应援马军及总督标下应援之兵，迅速向马兰峪以西一带集结；东路山海关、石门寨、台头、燕河应援马军及总督标下应援之兵，迅速集结于建昌营；中路太平寨、喜峰口、松棚谷之马军及应援之兵，迅速集结到遵化城西一带。

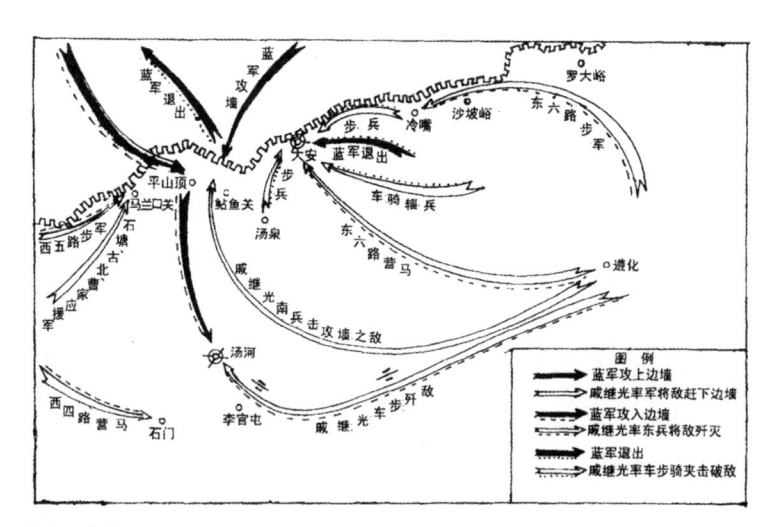

阅视示意图

同时，各敌台、哨所之兵搭弓持枪进入阵地，以临战姿态监视着外来之敌。从警报到聚结兵力，仅用两天的时间，大大减少了过去调兵之速度。

二十四日东方发白，蓝军攻打鲇鱼关以西，半个时辰后登上长城。坚守在长城以内的戚继光，率浙江兵飞驰山下，仰攻占领边墙之敌。经过巧妙攻打，终使蓝军退至墙外。这是一次敌人登上长城之后将其击退的实战演习。

然而，蓝军虽被赶下长城，但并未退走。当日下午，他们又从西面数里远的平山顶西侧溃墙而入，直冲到15千米的水门口附近，墩堠再次报警。当夜，长城沿线灯火相连，很快传至全镇。

东、西各路援兵见到报警信号，以每天70余千米的速度，驰赴待机地域；西四路之骑兵开到石门东北扎营；东六路奔赴大安口关南侧待命；西路步兵沿边墙到马兰营一带暂住；东路步兵则到冷嘴头关、沙坡峪关前一带驻营。当南面的车兵距蓝军不到5千米远时，蓝军9000余人前来挑战。车营放慢速度继续向敌营推进，敌在1千米之外，车营不动；距离蓝军大营0.5千米之内时，便用火器射击，然后继续前进。蓝军也集众来攻。此时的车营正式向敌人展开火力，在密集的枪炮冲击下，蓝军不得不节节败退，但其阵营未乱，缓缓后退，有条不紊。车营继续尾随敌后，不断射击。

二十六日下午，蓝军退至汤河（堡子店西10千米处），并且扎下老营。此刻，各路的援兵均已抵达指定地点。戚继光进而部署兵力：他以自己所率的三营、二营车兵为中路；遵化、建昌两车营放于左；密云两车营放于右。次日凌晨，明军正式向蓝军老营的汤河发起总攻，展开激战。刹那间，炮声隆隆，火箭横飞，大地烟尘滚滚。此时的敌营乱成一团，战马四处奔散，一支数百名蓝军乘骑向马兰关撤去，结果多数乘骑掉入陷阱被捉，其余大败而逃。

二十八日晨，又报敌人从南面 20 余千米的水门口进入防线，数千人在向大安口方向移退。戚继光立即部署追击敌人：以三屯营的两车营为先锋，次遵化二车营、密云二车营，然后是西路骑兵，东路骑兵，最后是辎重车营。东西两面的步兵，以浙江兵为先锋，偃旗息鼓，沿着边墙，分头向大安口关方向集中，然后登上长城，隐伏于敌台和边墙之上，待机歼敌。

当大批蓝军退至大安口南数里远的桃园以北一带，一声号炮响过之后，明军几路伏兵齐出，截断了蓝军退路。东侧山沟里的车兵推出战车，列成阵势，向蓝军放射着火器，一时间硝烟弥漫，几乎分不出敌我来。一阵轻风吹散烟尘，明军车、步、骑配合作战，相辅相成，合为一体。又与骑兵时分时合，时而一起进攻，时而有攻有守，三个兵种结成一个完整的战斗团体，构成机动灵活的阵容，使数千名蓝军束手无策。

汪道昆当即称赞说：战斗中，步兵所列队形，仍然是戚大帅在抗倭中"鸳鸯阵"，骑兵们使用的兵刃长短相配合，攻守一体，也据鸳鸯阵变换而来，堪称马背上的"鸳鸯阵"啊！

此时，又见蓝军抵挡不住而节节向北败退。明军的三兵种迅速地向前推进着。步兵仍与车兵一同行动，骑兵则加快了追击速度，逼得蓝军且战且退。当蓝军退至边墙脚下，便想拆墙而出。正拆之际，台上伏兵见到南面的骑兵赶到，顿时大张旗帜，呐喊放炮，把敌人堵截在长城以内。各车营抵达大安口时，一支骑兵早已先出大安口关，于城外列阵。在蓝军将至大安口关前，浙江兵在前步行，骑兵在后。接近蓝军时，骑兵下马，马由火兵看管。同时，守墙的步兵和追击的骑兵构成了对敌人的两面夹击之势。在敌人冲击时，依据号令，首先施放火器：先鸟铳、次虎蹲炮、大将军、火箭等。见蓝军在败退，浙兵和骑兵一齐追赶，拼命砍杀，致使部分蓝军被歼灭于长城南麓，仅有一小股夺关门而出。哪知道，关外的骑兵严阵以待。长城上的伏兵和追赶的步兵同骑兵奋力战斗，终于全歼了来犯之敌。

随后，戚继光又指挥了夜战、步战和墙战等项目的演练，博得了观阵者阵阵的喝彩。

演练结束后，收兵的号角声四起，各兵种的将士们敲锣打鼓，踏着胜利的步伐，集中到检阅台前。汪道昆对参加这次大阅兵的将士们予以鼓励，又考问了车、步、骑各营将士的军事常识。被考问的将士个个精神抖擞，军略娴熟，检阅的官员们非常满意。

这次演习时，恰好关外的少数民族朵颜等卫所向朝廷进贡的一行人马，路过此地。明军的强大阵容、威严雄姿、英勇果敢的冲锋临阵之举，使之感到了巨大威慑。正如《明史·戚继光传》载：

戚继光来蓟前的"十七年间，易大将十人，率已罪去。继光在镇十六年，边备修饬，蓟门晏然。继之者踵其成法，数十年得无事"。

此次阅兵，前后进行了 20 余日，实际是戚继光镇蓟 5 年来的一次防边御敌的大总结。检阅的规模和取得的成绩是空前绝后的。他在这场大阅兵中曾振奋地说：

"本职自入蓟数年以来，仰奉硕画。虽百务修创似有章程，但非今日合操一举，犹未免隔靴搔痒耳。况职援桴二十余年，亦未见十万之众，诸路固皆分数中，心实属恍惚，近得共集连营，始知十万作用，又似稍有豁悟，乃信边事真有可为。"

游遵化汤泉

明·唐顺之

绝塞伏残秋已凉,北山溪下候非常。
石如釜不因人热,硫有津堪入药香。
黍赤先成场可筑,草青方嫩夜难霜。
中年入浴应迟久,盘礴风前饮未妨。

唐顺之(1507—1560),字应德,江苏武进人。嘉靖八年(1529)会试第一。曾督领兵船在崇明抵御倭寇。因战功卓著,升任右佥都御史,代理凤阳巡抚。对天文、地理、音乐、数学均有研究,曾来蓟镇察巡,故作此诗。著有《荆川先生文集》传于后。

古籍中的清代汤泉图

汤泉大阅兵

明·戚继光

使者临关日拥旄,天威咫尺壮神皋。
指挥乍结车骑阵,战守还凭虎豹韬。
万阁凌霄金作垒,五兵飞雪玉为刀。
年来愧搏君王宠,幸有边臣识二毛。

葺蓟门汤泉记（碑文）

明·戚继光

遵化古属范阳镇。迤北一舍而遥，山麓有汤泉，为方池久矣。旁寺乃因兹而赐名福泉焉。余弱冠时部戍过之，环睹所刻如林。迨总镇之初再至，求其片石而不得，或以授梓无有也。盖窃伤之，而徘徊不能去。且泉淤过半，亭馆多简陋，何以清游目而壮山水之奇胜哉！

隆庆辛未春，命越卒修为休沐池。皆踊跃用命，因各赌射为觞亭，沿旁之石洞，督学御史闽中陈公记之矣。然地当边垣土中，而兹原之广可容数十万众，就兹以便休沐。

壬申之冬大阅。少司马新安汪公视师，制府而下苴席以处，促膝以觞，不足以示威重。

万历甲戌有秋，士豫乃辟亭馆，以待后之视师者至，而丙子仲夏告成。向者之至此也，夏午泉烈，奋锸靡施，将浚而胥难之矣。乃命工下稻田，凿渠百余武以溯其址，折二尺，深二丈三尺，出淤泥丈余，有万户印一，白金五两，簪珥之属、黄金一，铜三十五斛，钱六石七斗，镜一百五十七枚，皆蚀，以佐渠费。泥尽粼粼其泉槛出，仍甃石之而窦，其底塞以方寸之石，于渠道树楗，以便重浚通窦，则毋劳。拆甃为池，加高三尺，出地为方，可以俯饮而立掬之矣。其周七丈，衡二丈二尺，防面为石渠，可以浮大白。窦其南北，中衡而对出。北出承以文石，历历如雨建瓴下；而室其南，则为水簾。临池有亭如八卦及虚留，数九，颜曰九新，有题语焉。当留为坎，前窦承泉，左右窦以分之。北得寒泉，为池如半月。有桥，上为敕建观音殿，前施槛垣如雉堞状。南出石龙口如沫，北室则如瀑布，伏流而西，洒为石渠，径序室左转而环右盘，以觞注渠，匀折复入于室。匏尊藏于室，人因泉应机而缓急之不待入，又随流而给矣。觞亭下方，步栏三面，以列石碣，皆吟咏也。稍次第之，以俟续而梓焉。自殿抵栏，周以列垣。

循室南出而为接水池、洗马池，其与众池、女清池，各列之室，以远别也。自坎左窦者过近泉馆，又过听泉馆，二馆并列寝堂之前，则皆因寒泉为池，有桥。循垣而西为福泉公馆，泉因敕赐曰福，故以沐恩名堂，寝堂曰蒸云。其前左为无垢室，坎以文石六方为浴盘。因地稍高，自石渠右角分筒伏流而逆出之。凡沸泉有气如云，是堂最丽，亦如之矣。西南为寺，于其法堂加南楹，及堂左右为馆。凡馆、浴室、厢舍、庑湢咸具。又西南隅有银杏树鼎立，皆十四五围。嘉荫候泂，乃为四时棺。其户内而环树，居一阖三，前如一居四，则各为邸矣。树下当中置石案，八足而内虚，为筒者二，其相去寸余。泉自坎右窦过寺之三馆，伏而上左足，循案以觞入于右足，若不知其所去也。凡池窦，高承清而庳出浊，九新之东三，其出入皆温，馆之浴室浊一而清二者，乃一寒一温也。近泉或和以寒，稍远即可浴，故至稻田而苗以长矣。浴舍四五区，杂于诸馆间。

山之西椒，有浮屠以为表识。自西徂东为长垣，以接古台。稗官氏言辽萧后妆楼址也。建亭其巅，仰若丽谯，环以嘉树，若出半空。里许而为塞垣，楼橹刁斗，隐若云际。南阜万石，郁然崔嵬。从寺西步北折如砥，至麓而延袤百武左右，众石离立，夹道而为门。循溪以西，有石如山、如狮、如鼓。相属而径东涧，片石跨之，中裂为试剑桥。度之，有普陀岩、经石岩。稍北上而峻，为出岫岩、为仙掌峰。循脊下蹬不数武，有石独立，犹将军振缨北瞰幕南，而请缨者勃然。右转，石洞口仅三尺、伛偻而入，中窾如舫，为万石最奇处，名之曰仙舟洞云。

余按，温源多硫磺袭人。惟山多石曰岩。而其所出独清，骊山华清是也。迻之志者，又以南中安宁为最，而评不及兹，兹山不其然乎！故其膏沸为珠，莹若琉璃，投钱至底可数。中有雕镂，其迹宛然。酽如醍醐，酿之芳烈尤甚，实为醴泉神瀵而清，其味尤为独全，何也？华清自太真召禄山于范阳，以献玉石雕镂为胜，遂动鼙鼓而流殃。兹当范阳之隩，幸不为之污。虽寻割于契丹或有萧后遗迹，然历金、元弗著，岂非地灵之所秘者欤。至我大明，乃归中国。章帝征虏，凯旋驻跸。武宗虽游猎，未尝与骊山之役；而贤嫔有咏，为兹泉所藉重。则圣朝之德，其过前代远矣。

余幸士有暇力缮馆以备冬猎，万军若挟纩，免于皲瘃之苦；马患霜雪而疽，洗之可以腾骧；将帅幸就以休沐，非荷太平，有兹哉！故拜诸大夫命，敢假日而为之。

诸大夫者：制府北海刘公、关中杨公、抚台武安王公、监兵齐邱辛公与诸邑令之所佐金。予将园圃禾稼易赏，并赎锾诸费而成之。督公则马兰峪副总兵曰石福，领班都司邓都，中军诸材官沈秉懿等，而白余复为之记，盖详哉！其言之也。

万历五年，岁次丁丑夏六月望日。

　　　　　特进光禄大夫、中军都督府左都督、奉敕总理
　　　　练兵事务兼镇守蓟州、永平、山海等处地方、前福
　　　　浙江广伸威营总兵官署都指挥佥事　　戚继光　撰

　　　　　　　　　　　　太原石福　立石

　　　　　　　　　　　　南海陈经翰　书

　　　　　　　　　　　　古歙黄沛　刻

设计作品《汤泉大阅　震烁中外》

第三章　遵化长城八事　/　111

三、戚继光抗敌

蓟镇防线共1000余里,戚继光将军队合理配置在千里防线上,有效打击进攻之敌。隆庆二年(1568)冬,蒙古朵颜部首领董狐狸和其侄长昂纠集部众试图进攻青山口(今河北抚宁西北)地区。戚继光获知后,立即率领车兵配合其他部队,打退了蒙古兵进犯,董狐狸等人的企图没有实现。

万历元年(1573),董狐狸再次南下,进攻拿子峪(今河北抚宁东北)。戚继光领兵围堵,斩敌3人,余者受伤逃窜。四月和五月,董狐狸联合土蛮部先后进攻桃林口(今河北卢龙东北)和界岭口(今河北抚宁北)。戚继光手下游击王轸率兵在界岭口与董狐狸所部交战,抓住15名俘虏,俘获马35匹、骡子2头以及各种器物300余件。董狐狸本人亦险些被俘。

万历三年(1575),董狐狸、长昂胁迫长秃(董狐狸之弟)攻击董家口关(今河北迁西东北),戚继光得报后,派军出塞追击,在聂门(今河北宽城东)击败逃窜的敌兵,活捉长秃。二月,长秃及其附属部落表示效忠明廷,不再扰边。三月,董狐狸和长

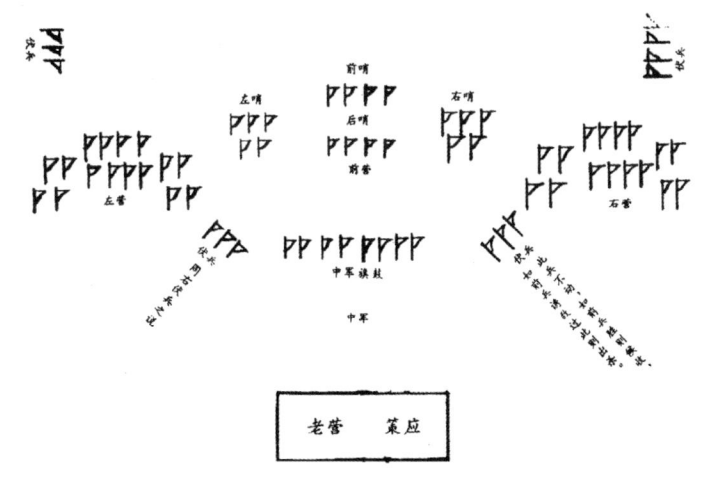

出战随变就于本阵内设伏图

昂带领 240 余人进喜峰口请降,戚继光派副将史宸、罗瑞去喜峰口接见,董狐狸和长昂献降表认错,并归还明军哨探 7 人,献贡马 7 匹,请求释放长秃。明廷接受他们请降,答应其要求。从此,戚继光在蓟镇任上时,朵颜部不再犯边骚扰。由于蓟镇严密有效的防御体系,不仅朵颜部臣服,而且震慑了俺答和土蛮两部,戚继光守边的 10 多年里,他们没有入塞扰边。戚继光不但成功坚守蓟镇,还两次率兵出关支援辽东战事,配合李成梁打击进攻锦州等地的土蛮部。戚继光守边 16 年,留下一条坚固的防御线,蓟镇获得较长时间的和平,明史称赞"继光在镇十六年,边备修饬,蓟门宴然。继之者,踵其成法,数十年得无事"。

万历十五年(1587)十二月,戚继光去世。著有《纪效新书》《练兵实纪》《止止堂集》等。

四、皇太极驻跸洪山口

明天启七年（1627），后金汗皇太极率军攻打宁远、锦州兵败而还。皇太极遂改变战法，决定避开明宁锦至山海关防线，采取扰关内蔽关外，迂回攻明的方略。崇祯二年（1629）十月二十四日，皇太极亲统大军 5 万向西进发，取道蒙古，然后兵分三路攻明长城。据《清太宗实录》载，左翼由贝勒阿巴泰、阿济格率四旗兵和蒙古诸贝勒兵，从龙井关（今属迁西县）进入；右翼由贝勒济尔哈朗、岳托领四旗兵和蒙古诸贝勒兵，从大安口攻入，一致决定"至遵化城合军"；皇太极与大贝勒代善、三贝勒莽古尔泰统数万主力中路军攻洪山口。

二十六日，左路军突袭龙井关成功。明沿线驻军见龙井关烽火迭起，知有寇盗来，迅速往援龙井关。汉儿庄副将易爱、洪山口参将王遵臣驰援途中与后金军交战，皆被击败战死。皇太极主力军于二十七日进抵洪山口，由于洪山口守军已应援龙井关，守备薄弱，皇太极大军突至，守军一触即败。皇太极轻易夺下关口，直趋遵化。右路军进抵大安口时，被守军发现，明军据山布阵迎击，济尔哈朗和岳托分进合击，打败明军五营兵，继降马关营、马兰口、大安营三城。后金军几乎未遇到任何强有力的抵抗，各路均顺利突破长城，于三十日会合遵化城下。遵化在京师东北方向，距离京师150千米。十一月初一日，京师下令戒严，同时诏令各路兵马勤王。

十月二十九日，蓟辽总督袁崇焕从宁远往山海关，途经中后所，得报后金军已破大安口。袁崇焕遂作出以下军事防御部署：其一，严守山海关。因为山海关总兵赵率教已经调到关内，宁远总兵祖大寿也带精锐随袁崇焕入关，所以袁崇焕命前总兵朱梅、副总兵徐敷奏守山海关，防止后金乘机夺关。其二，严守京师要道。袁崇焕命参将杨春守永平，游击满库守迁安，都司刘振华守建昌，参将邹宗武守丰润，游击蔡裕守玉田。其三，严守京畿地区。在靠近京师东北方向的蓟州、三河、密云、顺义严密布防，防止后金从东北路入京。袁崇焕命保定总兵曹鸣雷等驻蓟州遏敌，自率大军，以总兵祖大寿做先锋，驻蓟州居中调度策应。命宣府总兵侯世禄守三河，保定总兵刘策守密云。

袁崇焕一面进行总体部署，一面阻截后金军南进。因为皇太极的军队突破了龙井关和大安口，直接指向遵化，遵化为京东重镇，袁崇焕想把后金的军队首先阻截在这里，他急令平辽总兵赵率教率4000兵马，驰救遵化。他率部急驰三昼夜，行175千米，到达遵化以东的三屯营。但三屯营总兵朱国彦不让入城，赵率教只好纵马向西，驰向遵化。

十一月初四日，赵率教率援军至遵化城外，与后金贝勒阿济格等所部满洲左翼四旗及蒙古兵相遇，误入埋伏，中箭坠马，力战而亡，全军覆没。赵率教战死，是明军的重大损失，袁崇焕失去了最得力的大将，失去了救援京师的最佳时机。

当日，后金军进攻遵化城，后金先劝降，遭到拒绝，后四面攻城，明巡抚王元雅凭城固守，顽强抵抗。第二天，遵化城内应纵火，城池陷落。巡抚王元雅走入衙署，自缢而死。城中官兵民众，反抗者皆被屠杀。接着，后金军进攻遵化东面的三屯营，副总兵朱来同等潜逃，总兵朱国彦把逃跑将领的姓名在大街上张榜公布，然后偕妻张氏上吊自尽。

十一月初六日，皇太极正式驻师遵化城。当他得知正白旗小校萨木哈图抢先登上城墙，占领要地，才使大军继之夺取城池的，便亲酌金卮赐饮，又赐号巴图鲁（英雄）。同时，发现蒙古兵扰害罗文峪一带百姓，皇太极命令射杀之。并下令："凡贝勒大臣有掠归降城堡财物者斩，擅杀降民者抵罪。强取民物，计所取倍偿之。"皇太极又在此地总结了攻城经验，对将士们进行了赏赉。壬辰（十一日），他把参将英俄尔岱和文官范文程等留守于遵，又率八旗军向着明都燕京进发。由于兵锋锐盛，兵力集中，在马伸桥挫败袁崇焕之后，3日内，就攻取了蓟州、玉田、三河、香河、顺义诸县，进逼通州，威胁京师。

当代史学家阎崇年先生对这次战役评论说："皇太极南犯京师的战争，是一场女真军事贵族残暴掠夺战争。八旗军所到之处，俘虏人口，掠夺牲畜，劫掠物资，纵火焚毁。"连《清太宗实录》都有载述，如"上命自克遵化以来，所获骡马，均赏兵丁，人各一匹"，文秉《烈皇小识》里亦有"虏骑劫掠，焚烧民舍"之语。尤其是遵化人民所遭受的涂炭更为深重，两年间的多次战斗，使城里城外的房屋和牲畜等几经洗劫，皇太极的"金口玉言"只是掩人耳目而已。

五、康熙拆长城

康熙放弃了清朝以前中国历代用长城设防的政策，不主张修缮长城。康熙三十年（1691），古北口总兵蔡元见长城年久失修，上疏奏言称古北口一带边墙倾塌甚多，请行修筑。康熙下达上谕，认为帝王治天下自有本而不应该专恃险阻。秦筑长城以来，汉、唐、宋等朝也经常修缮，但是仍有边患问题存在。明朝末年，长城仍然没有护卫明廷，太祖努尔哈赤率军长驱直入，致使明军诸路瓦解。康熙认为守国之道唯在修法养民。民心悦，则邦本得而边地自固，此所谓众志成城者。古北口、喜峰口（今河北迁西境内）一带长城年久失修，大多都已损坏，若修缮，实乃劳民伤财之举。就算是修缮好，长城延袤数千里，军队分兵守卫长城也是一个难以解决的难题。康熙在其御制诗中曾有过这样的诗句："长城有险休重设，至治从来守四邻。"也正表达了这样的思想。因此当长城的存在妨碍到东陵的风水时，清廷便毫不犹豫地将其拆除。

东陵段长城拆除的历史考据在清乾隆年间编修的《直隶遵化

州志》中记载："我朝中外一家，固无分内与边矣。"对陵寝内的防卫则这样记载："顾今为陵寝重地，则谨关堡，饬边垣，严斥堠胥，当时为戒备以翊卫原庙于亿万载也。"说得含糊其词，轻描淡写。直到乾隆四年（1739），马兰关总兵、副都统布兰泰领命修《昌瑞山万年统志》，首次记录下了这一史实："又，陵后长城自马兰关第二台以西，龙洞峪第二台以东，俱系龙脉所在，不宜有城，因以撤焉。"据考，马兰关为明洪武初年建，一直为军事要隘，至清朝，出于保护陵寝的需要，设有重兵，置总兵署于斯，官制为武二品，由皇帝直接任命，可以具衔单折密奏。《昌瑞山万年统志》又记载，马兰关"旧有城二座，东城周围二百三十二丈，连垛高二丈。城门二座，南门曰'马兰谷关'，西门无字。南门以东砖石砌成，南门以西垒石砌成"。马兰关作为军事驻地，设防严密，机构烦冗，计有4寨6营，其中龙洞峪寨在今兴隆县境内的挂兰峪，明永乐年间建，此处地势狭长，为一处险关，驻官军112员。同治十年（1871）第3次修订的《畿辅通志》，对拆除东陵后段长城做了记述："陵后马兰关第二台以西，龙洞关第二台以东，不应有城，皆撤焉。"以上这些史籍的记述或言辞简略，或根本弃之不记，因而为建陵而拆除长城之事，如果不是知情人，不但今人，就是当年为清帝踏勘东陵风水的一些人，对此也是一无所知。

龙洞峪至马兰关段长城曲折蜿蜒，龙伏而来，长约7.5千米。史籍中也记录下了这段长城："拟请于昌瑞山后圈一带重开洞道三十丈，左首自左营正关城起，至右营之龙洞峪止，计长十五里余。"这一段长城有虎皮石墙，也有城砖所砌，其间正如咸丰年间档案所载，也有数座墩台。此段长城被拆除后，残砖断石或被运出，或干脆弃之于山野之中，至今尚可见。

被拆除的这段长城蜿蜒在东陵后龙的山坡顶上，清代的堪舆家认为是压住了龙脉。所谓龙脉就是山脉，对墓地或穴位来说，就是来龙、来脉或后龙，后龙有太祖山、少祖山，要求山势层叠深远，重峦叠嶂，秀丽森然。清东陵的太祖山为雾灵山，向南逶迤百余里而为昌瑞山，是为少祖山。少祖山恰被长城压住，这自然为清廷所不容。

顺治帝崩御，清廷一面为其大办丧事，一面紧锣密鼓地筹办陵寝事宜。据档案记载，顺治十八年（1661）筹备物料，做前期准备工作；康熙元年（1662）九月择吉日良辰破土动工，但由于临近严寒，破土后即停工；直到康熙二年二月春意渐浓之日，才开工建设。建筑工程进行之时，为保护陵寝安全，要在后龙和前圈开辟火道，竖青、红、白桩，以阻止百姓随意进入陵寝控制地带，这样，昌瑞山后段长城就被圈入其中，拆除它也就成为很自然的事了。长城这一传承数千年中华历史的文明载体，由于要修建顺治帝孝陵，有碍风水，于是在康熙二年（1663）被拆除，雄伟的万里长城就此在这里断开了。

六、金墩传说

相传遵化马蹄峪关东山尖和山洼分别由两位把总带工各建一座敌楼,修建尖楼的把总粗工滥造,基石不整,砖瓦不齐,草草建完报功,验收官远望山尖敌楼耸立好不气派,便奏请朝廷封官加赏;而修建洼楼把总精工细作,齐整整条石垒了十一层,砖角齐整,勾抹平实,门券上还刻了精致的砖雕,但因为延误了工期,朝廷治罪把这个延工的把总杀了。戚继光查阅边关才得昭雪,上奏朝廷把被误杀的把总铸金头重葬。百姓们称之为"金墩"。多年以来不知有多少人寻遍深山老峪终不得"金墩",忽一日空中一白叟道:"无需找,只要尔等本分做人,凭心做事,家中自会有黄金墩。"

设计作品《金墩传说》

七、罗文峪长城抗战

1933年3月，日军攻占山海关、热河后，又进一步向长城沿线各军事要点发起进攻，中国军队进行了有效抵抗。双方争夺的重点是燕山山脉的长城各关口及附近的制高点，因此这次作战被称为"长城抗战"。

中旬，日军从承德调来两个联队和部分蒙鲜伪军共万余人，在坦克和飞机的配合下向罗文峪一带长城进犯。3月15日夜，探知敌先头部队已达距罗文峪北15千米的半壁山时，设在遵化城内以宋哲元将军为首的二十九军抗战指挥部发出紧急命令，令一四三师两个团和三十七师两个团共同防守罗文峪一带的长城各关口，抗战部队统归由一四三师师长刘汝明指挥，投入总兵力约6000人。

16日拂晓，敌人先头部队沿半壁山向罗文峪进攻，企图夺取三岔口高地。二十九军在孤山子北三岔口伏击了敌先头骑兵部队，激战近5个小时后见敌之步炮联合大部队到，二十九军迅速撤回罗文峪。上午8时，又在罗文峪口一带展开敌、我正面阵地争夺战。

在前线与敌作战的中国战士

敌人用大炮猛轰长城边墙和敌台，把完好的长城炸得砖石横飞、破败不堪。二十九军将士依托长城边墙沉着应战，用机枪、步枪打退敌人多次进攻，终于将进犯之敌击溃。

17日上午8时，日军调步炮兵6000余人，又来进犯罗文峪西的山寨峪口，其战法是先用重炮猛轰，步兵紧跟其后，同时又有飞机助战。二十九军将士在营长刘福祥率领下，仍用边墙躲避敌人炮火，伺机歼敌。待敌人靠近阵地100米时，用手枪、手榴弹杀敌，对靠近阵地的日军再用大刀消灭。随后，敌又以烟雾弹射向二十九军阵地，敌人在烟雾掩护下向我阵地前的左方高地爬来，刘营长识破敌人企图，急令预备队张勋贤率部出击，冒死现于敌前，用大刀刺刀杀退敌人，身先士卒的张连长不幸英勇殉国。

中午时分，敌又用猛烈炮火轰击罗文峪口。刘汝明师长亲率手枪连埋伏，敌见我阵地沉默，便以四路纵队扑来。二十九军静观敌态、保持镇静，待敌人到达手枪射程的100米时，刘师长一声令下，居高临下，一齐投掷

罗文峪手刃60名日寇的第二十九军勇士王元龙

手榴弹，然后勇士们手持大刀冲出去，敌无奈只好扔下一层尸体仓皇后撤。至下午3时，二十九军连续攻破敌两道防线。

3月18日凌晨，日军步骑炮混合部队约一个联队之众，猛攻

罗文峪、山楂口、沙波岗。刘师长亲自指挥官兵占据长城各个隘口，用手榴弹、机枪沉着应战，杀敌数百人，再次打退敌人进攻。中午，敌复向山楂峪口进攻，步兵在猛烈的炮火掩护下，向二十九军阵地两侧挺进。李金田旅长率李曾志团，祁光远团长率王合春营，先后驰至增援，战至天黑，将敌击退。日军损失甚巨，二十九军李曾志团长受伤，王合春营长阵亡。是夜，二十九军派李金田旅长率兵一团由沙宝峪口绕攻敌侧背，连越七个山头，摸至敌的机枪阵地。相距约四五十米时，被敌觉察，遭到猛烈射击。适祁光远团由左翼绕攻敌后，亦已到达，合力攻入敌阵，前后夹攻。战至天明，敌军全部撤退，罗文峪北十里以内，已无敌踪。

罗文峪战后，敌人又从喜峰口西边进攻了几次，均未得逞。此后，第二十九军在防区里筑成坚固的阵地带，敌人从任何地点进攻，都必须付出较大伤亡的代价，而第二十九军自作战以来也有很大伤亡，计全军官兵伤亡共达5000余人，因而战事逐渐形成胶着状态。4月11日，敌人从商震所部第三十二军防守的冷口攻入，接着迁安又告失陷，第二十九军在喜峰口腹背受敌，不得不转移阵地，随即奉令撤至通州以东沿运河布防。在撤退的一个夜间，蒋介石驻北平的代理人何应钦以电话向第二十九军参谋长张维藩询问前方情况。张答："我军已经按照命令，到达指定地点，严阵待敌。唯右翼防地的商震部队，联络不上，现在我军右翼距

在罗文峪前线工作的北平人民自卫会救护队队员

通州约二十里的地方发现敌人。"何闻讯大惊,以为敌兵迫近,北平危急,立命备车南逃,旋悉战争形势没有继续恶化下去,始罢。不久,南京国民政府与侵华日军签订了《塘沽协定》,震动一时的长城抗战,就此结束。

　　罗文峪血战三日,第二十九军将士以极其简陋的武器,凭借"杀敌保国"的英雄气概,斩杀日伪军3000余人,缴获大量武器,

罗文峪长城抗战遗址

在罗文峪长城一线用生命和鲜血谱写了一曲威震敌胆的《大刀进行曲》。

游罗文峪

清·张景椿

青山在云云在树,树恋浓云没山路。
行尽清溪不见人,声声啼鸟留人住。
忽闻隔水农歌起,谁家打麦白云里。
寻声缓步踏云游,炊烟缕缕生溪头。
杨柳依稀见村落,野花烂漫红戍楼。
山程不晴亦不雨,手拍吟鞭自归去。
策蹇回头一笑逢,云放青山露数峰。
尽日看山归始得,山鸟山花也笑侬。

张景椿,字梦久,遵化人。

长城抗战"诗抄"

在声震中外的 1933 年"长城抗战"中，第二十九军三十八师张自忠部以遵化县为中心，担任龙井关（今迁西县）至马兰峪一线防务。以带病参战的祁光远团长为首的中华健儿，在此多次向敌人冲锋，终于把日寇打退。当时著名的妇女社会活动家何香凝作诗《颂祁光远团长》：

> 梦中杀贼屡高呼，爱国英雄有北图。
> 病榻缠绵心气勇，挥刀誓欲斩倭奴。
> 病院消磨为养疴，思量国难恨如何！
> 边关连日风云恶，赢得英雄热泪多。

诗人醉丐（化名）作诗，歌颂刘汝明师长指挥有方的英雄形象。

敌骑纷纷踏雷来，出奇制胜势雄哉。
将军激战罗文峪，大展掀天动地才。

3月17日，日军向罗文峪进攻时，营长王合春奉命从遵化跑步赶到水泉峪，手持大刀、手枪与敌人血战5个小时。虽被一颗子弹穿入胸膛，却赢得了打退敌人进攻的胜利。诗人醉丐作诗《赞王合春》：

民族存亡一刹那，将军杀贼独挥戈。
归来解下戎衣看，留得斑斑血渍多。
惊天鼓角起边尘，抢夺机枪不顾多。
他年民族光荣史，忠勇应推第一人。

由于二十九军的大刀队敏捷而勇猛地杀敌获胜，何香凝又赋诗《大刀赞》：

大巧若拙用大刀，大新若旧国术高。
伏如猛虎进如猱，十步以内敌休逃。
利用所长弃所短，步入后尘岂俊髦。
警尔扶桑木屐儿，再来刀下情不饶。

八、四野进关

辽沈战役胜利后,为了稳住华北敌军,中央军委多次指示东北野战军总部,要隐蔽行动,秘密入关,行军路线要走热河,过长城线上的喜峰口和冷口,不要走山海关大道。

1948年11月23日,四野80万大军开始进关,随军入关的有民工15万人,马匹14万匹,汽车3000辆,大车8万辆。各纵队从驻地沈阳、黑山、大虎山、新民、锦州、抚顺、营口等地分别起程。进关行军的路线分为东西两路,西路经喜峰口入关,东路经冷口入关。后来由于情况的变化,后尾各纵于12月6日以后改从山海关大道入关。这样就成为三路入关。西路1纵、5纵、6纵从喜峰口入关,行军路线是:从热河之朝阳、凌源、平泉、小寺沟、大吉口、宽城,过长城喜峰口,到遵化、蓟县一带集结;中路3纵、8纵、9纵、10纵从冷口入关;东路2纵、7纵、12纵、炮纵从山海关入关。

11月底前后,西路大军越过古老雄伟的万里长城由三屯营、洪山口、罗文峪陆续挺进遵化。遵化县委、县政府速发《火急通

在东北大获全胜的四野向关内开拔

向关内挺进的四野纵队

令》，通令全县和各兵站防敌防特，做好供给，确保大军顺利过遵。四野进关临时指挥部设在遵化城西北的张各庄，林彪、罗荣桓、萧劲光、邓子恢等首长亲自坐镇指挥。

在中国共产党的领导下，3年前的10万军队在战斗中由小到大，由弱变强，发展成为百万大军，使东北全境得到解放。如今，80万野战军由关外打向关内，重新越过万里长城。指战员们望着那蜿蜒起伏、连绵不绝的巍峨城墙，心中充满革命豪情。古老的长城，它是中国共产党领导的人民军队不断壮大的见证，是解放战争胜利发展的见证！

第四章

遵化汤泉

一、历史汤泉

二、养生汤泉

三、胜境汤泉

一、历史汤泉

关于遵化汤泉的最早记录,就出现在《水经注》中。据《水经注》第40卷载:"鲍丘水又东,庚水注之,水出右北平徐无县北塞中,而南流历徐无山得黑牛谷水,又得沙谷水,并西出山,东流注庚水。……其水又迳徐无县故城东,王莽之北顺亭也。《魏土地记》曰:右北平城东北百一十里有徐无城。其水又西南与周卢溪水合,水出徐无山,东南流注庚水。庚水又西南流,灅水注之,水出右北平俊靡县,王莽之俊麻也。东南流,世谓之车鞶水。又东南流与温泉水合,水出北山温溪,即温源也。养疾者不能澡其炎漂,以其过灼故也。《魏土地记》曰:徐无城东有温汤,即此也。其水南流百步,便伏流入于地下,水盛则通注灅水。又东南,迳石门峡,山高崭绝,壁立洞开,俗谓之石门口。汉中平四年(187),渔阳张纯反,杀右北平太守刘政、辽东太守阳纮。中平五年(188),诏中郎将孟益率公孙瓒讨纯,战于石门,大破之。"

郦道元《水经注》中所说的庚水,今名为"浭水",又称还乡河,发源于迁西县境内的黄山之麓,由岩口入丰润,西经五峰头,

古籍中的汤泉浴日图

南折韩家岩、白草坡向西经狐儿崖山东侧复向南折，至丰润县城，然后向西南奔流，经今玉田、宁河入海。遵化汤泉之水由福泉山南注，流经遵化西南四十余里的石门口，流入灅水。沙谷水，即今天流经遵化市沙坡峪的河水。《水经注》所说的徐无县、俊靡县、俊麻县、北顺亭，都是遵化在历史上曾经有过的名称。而徐无城，即历史上的徐无县县城。《水经注》中关于"水出北山温溪，即温源也。养疾者不能澡其炎漂，以其过灼故也"，说的就是遵化汤泉。

按照泉水温度的不同，郦道元将这些温泉从低温到高温，划分出5个等级，依次为"暖""热""炎热特甚""炎热倍甚"和"炎热奇毒"。遵化汤泉即属"炎热倍甚"这一级。关于遵化汤泉温度较高的说法，在明朝刘侗、于奕正所撰写的《帝京景物略》一书中也有记载："汤泉，最著骊山，最洁香溪，最热遵化，……"可见，在历史上，遵化汤泉温度高于其他一些地方的温泉。遵化汤泉也因其温度较高而被列为天下名泉之一。

清代菊如撰的《滇行纪略》中列举了天下12眼有名的温泉："骊山而下曰汝水、曰尉氏、曰匡庐、曰凤翔之骆谷、曰榆州之陈氏山居、曰惠州之佛岩迹、曰闽中之剑浦、曰新安之黄山、曰关中之眉县、曰蓟州之遵化、曰和州之香陵。"这些温泉，被称为"神水"，人们不仅可以在这里沐浴，还可以治疗多种疾病。在全国众多的温泉之中，遵化汤泉被《水经注》等古籍列入屈指可数的名泉之中，可见其历史悠久，特色显著。

从历史考证来看，遵化汤泉早就闻名天下，且以最热著称于世，因而受到历代帝王和达官显贵的青睐。据《新唐书·本纪·太宗》记载，唐太宗李世民是历史上最早莅临遵化汤泉的皇帝。唐贞观十九年（645）十月，李世民率军东征高句丽，从幽州（今北京）至临榆（今山海关），途经今唐山地域。此时，他们人疲马乏，准备在此安营休息，无意中发现东边不远处，水雾缭绕天际，美丽壮观。李世民下令所有军队在汤泉附近驻扎，借助汤泉水休息整顿。在畅快淋漓的洗浴之后，将士们顿觉神清气爽，疲乏全无。自此，李世民记住了这个地方，觉得这是一个能带来福运的地方，

李世民（599—649），唐朝第二代皇帝，在位23年，年号贞观，杰出的政治家、战略家、军事家、诗人

遂赐名为"汤泉"，赐建"汤泉寺"，设立"汤泉公馆"。从此以后，遵化汤泉开始扬名于天下，被以后的最高统治者所重视。至此，历朝历代多有帝王将相和文人雅士来此游历沐浴，在汤泉留下了许多建筑遗产和美妙传说。

据史载，明万历二年（1574）秋，时任蓟镇总兵的名将戚继光在对汤泉的亭馆进行重修时，从旧有汤泉池内挖出很多古人遗物：万户印1方、白金5两、簪子、耳环等物品，其中黄金类的有1斛、铜类的有35斛、各类铜钱6石7斗、铜镜157面。人们纷纷猜疑，是谁在这个曾经的边塞荒地遗留下这么多贵重之物？

《旧五代史》卷75《晋

书·高祖纪一》记载，石敬瑭称"愿以雁门以北及幽州之地为戎王寿，仍约岁输帛三十万，戎王许之"。自此以后，幽（北京）、云（大同）等十六州归入契丹势力范围，契丹的铁骑进入了包括遵化汤泉在内的北方广大地区。946年，耶律德光进军开封，契丹灭后晋。947年，耶律德光即帝位，把契丹国号改为"大辽"。辽国皇帝的活动范围相当广泛，遵化在其领土范围之内，于是，辽史中多次出现辽国统治者到汤泉沐浴的记录。《辽史·本纪》卷14记载：辽统和十八年（1000）春正月，还次南京（北京）。二月，幸延芳淀。夏四月己未，驻跸与清泉淀，五月丁酉，清暑炭山。秋七月，（辽圣宗皇帝耶律隆绪）驻跸于汤泉……统和二十一年（1003）九月，癸丑，幸女河汤泉，改其名曰松林。

在辽国的历史上，曾经有一位聪明睿智的美貌皇后萧燕燕，史称"萧太后"。身为女子的萧太后在辽国征伐屠戮逐步强大的历史中占据着重要地位。汤泉旧物的遗弃者，正是这位史上有名的萧太后。她带领众多宫眷来此驻跸，并在离去时遗弃了那么多金银、簪子、铜镜，包括那枚万户官印。戚继光在随后撰写的《蓟门汤泉记》中这样写道："山之西椒，有浮屠以为表识。自西徂东为长垣，以接古台。稗官氏言辽萧后妆楼址也。""虽寻割于契丹或有萧后遗迹，然历金、元弗著。"清人刘清在《萧后妆楼记》中记载：辽国时候，朝廷之中确实是有"万户"这样的一个官名，

萧太后（953—1009），名绰，小字燕燕（又称叶叶），契丹族，辽朝政治家、军事家和改革家。在她摄政期间，辽朝进入了最为鼎盛的时期

而泉池内遗留下来大量金银、铜钱、簪子、耳环之类的东西，并且有铜镜如此之多，这里是当年宫中眷属随从游幸的地方。皇家在这里建有楼阁，可以说是毫无疑问的。如今汤泉旧址犹在，却不见了当年意气风发的风流人物，只有后人凭址悼念罢了。清人有诗云："一抔黄土竟千秋，名字谁稽玉牒留。每笑辽疆无片土，谁寻萧后有妆楼。群山围处距名胜，往代传人同古邱。到底青宫胜丹陛，春晖寸草补松楸。"无论如何，这一切成就了汤泉一段辉煌的历史。

"靖难之变"后，明王朝的北部防线由河北平泉、内蒙古赤峰、辽宁一带，南移数百里，迁移到今天的长城一线。致使整个明朝统治的二百余年间，始终都遭受着蒙古各游牧部落的侵袭。永乐元年（1403），又将大宁都指挥使司从北平迁至保定，更使遵化由唐、元时期的一个边鄙小县，一跃而成为边境要地。

明宣宗朱瞻基带着浩浩荡荡的一行狩猎及巡边活动，行进到遵化石门驿时，遇到一万余兀良哈士兵，宣宗命令3000精兵分成两翼，待敌人冲入包围圈之后，宣宗引弓搭箭，接连射倒了敌人的3个前锋；两翼明军趁势而上，利用火器打得敌人溃不成军。此事在《明史·宣宗本纪》中有记载："丁未，帝自将巡边。九月辛亥，次石门驿。兀良哈寇会州，帝帅精卒三千人往击之。己卯，出喜峰口，击寇于宽河。帝亲射其前锋，殪三人，两翼军并发，大破之。……甲子，班师。癸酉，至自喜峰口。"

蓟镇总兵戚继光所撰写《蓟广门汤泉记》记载："章帝征虏，凯旋驻跸。武宗虽游猎，未尝与骊山之役。"

从历史典籍中，都有宣宗"出巡"汤泉的记录，可见，宣宗来过汤泉。这件事情也显示了遵化在战略上的地位日益重要。

明隆庆六年（1572），明政府在汤泉的南面、堡子店以北的广袤原野上，举行了一次规模盛大的车骑步兵协同作战演习，一共7天，又校阅多日，为古代练兵史上之壮举。参加这次检阅的将士有十余万众。兵部侍郎汪道昆率官千员阅阵，并借此机会来检阅戚继光改进军备的情况。

当时，十万军队排列成对成行，旌旗飘飘，场面甚为壮观。戚继光在前面指挥若定。主持这次阅兵典礼的是兵部右侍郎、右佥都御史、总督蓟辽保定军务的刘应节，他善武能文，写了一首诗歌《蓟门会阅》，来颂扬大阅兵的盛况。诗云：

大将临戎亲合围，貔貅十万铁为衣。
月明虎帐传刁斗，风卷龙沙列羽旗。
转战河源边地动，屯军塞口阵云飞。
壮猷此日推元老，谈笑樽前赋采薇。

阅兵完毕，在汤泉举行招待汪道昆一行朝廷要员的宴会。由于亭馆简陋，在筵席上，兵部侍郎、蓟辽总督、顺天巡抚及以下的各级官员们，大家肩挨着肩、背靠着背，彼此挤挤挨挨，十分不方便。为了改变这种状况，从万历二年（1574）秋季起，戚继光开始修建亭馆，以接待后来朝廷派来的阅兵官员。直到万历三年（1575）夏季才最后修成。汤泉馆室规模较以前更为扩大。

戚继光派出士兵修葺汤泉水池和亭馆，一是为了招待朝廷派来的官员，并为在当地戍守的兵将提供舒适的洗浴环境；二来也是为了借助修造水池和亭馆的艰苦劳作，来磨砺士卒，以免他们因日久无战事而产生娇惰之气。由此可见戚继光练兵用心之良苦。

此次除修建汤泉亭馆之外，还在流杯亭的南面建成了3面步廊，用来陈列前人所留下的各种石刻，并为后人撰写的诗文在这里续刻，预留了位置。这3面步廊被命名为"索吟轩"。而戚继光本人也撰写了一篇文章，以记载此次修建汤泉亭馆的整个过程。

爱新觉罗·多尔衮（1612—1650），清太祖努尔哈赤第十四子，阿巴亥第二子，清初杰出的政治家和军事家，被封皇父摄政王

此后，直到明万历十一年（1583）戚继光离开蓟镇时，遵化汤泉仍是那些戍边将士的理想休沐之地。暖融融的汤泉水，为那些总兵、副将、参将等将领，也为那些下级士兵们，在战争的间隙来遵化汤泉进行洗浴讲武休闲，提供了舒适的条件。

遵化汤泉受到清朝最高统治者青睐，始于清顺治七年（1650）。在这一年的《清初内国史院满文档案》中，有摄政王多尔衮从当年十一月十三日起到京东地方出猎的记叙。十一月十八日这天，多尔衮一行到达遵化境内，并于当天住宿汤泉。多尔衮所带领的这些王公贵族们，在汤泉沐浴之后，于次日离开汤泉。多尔衮此行虽在汤泉逗留短暂，但由于随行者众多，且都是王公贵族，遵化汤泉别样的享受，汤泉一带别样的风情，都给他们留下了极深

孝庄文皇后（1613—1688），博尔济吉特氏，名布木布泰，清初杰出的女政治家

的印象。

据康熙年间遵化知州刘之琨所撰的《药王庙碑记》记载，清世祖福临于顺治七年十一月也曾到过遵化，且为遵化城南十二余里的药王庙捐银100两。顺治八年（1651）十月，清世祖福临再次驾临遵化，这一次他是携皇太后、皇后出行，其名义则是到京东地方行猎。福临这一次行猎，前后两次来到遵化汤泉。十月出发，于顺治八年十一月初三到达热河（即汤泉），并在这里驻跸，至十一月初六，共休沐4天。回銮时，于十二月初五又来到了汤泉，歇息了7天。总计2次，清世祖福临和太皇太后即孝庄文皇后博尔济吉特氏、皇后即后来被废为静妃的博尔济吉特氏，共在遵化

汤泉休沐了 11 天。

清世祖福临这次到汤泉，除了打猎之外，还有一个更为重要的目的，即是到马兰峪地方为皇帝自己选择身后的万年吉地。通过精心踏勘，福临在遵化选择万年吉地的目的达到了。而他的万年吉地的选定，也为遵化汤泉的再次繁荣，提供了又一次重要契机。

《清世祖实录》还记载了清世祖福临又一次来到遵化汤泉的情况。顺治十六年（1659）十一月初九，清世祖福临从京师出西红门校猎，二十二日再次到达遵化汤泉，在此处休沐5日，于二十六日驻跸遵化城。清世祖福临到滦州等处行猎9日之后，于十二月初六再次来到汤泉洗浴，以解鞍马劳乏。

关于孝庄文皇后和遵化汤泉的渊源，在《清实录》和《康熙起居注》中，都有详细的记录。

《康熙起居注》记载：康熙十一年（1672）一月二十三日巳时，清圣祖到太皇太后、皇太后宫问安时，太皇太后提道："我因为身体的疾病非常厉害，所以要到遵化温泉去疗疾，如果皇上也一同去的话，恐怕会耽误国家大事，皇上就不必去了。"清圣祖是一个非常重视孝道的人，他上奏说："太皇太后驾幸汤泉，臣若不随往侍奉，于心何安。至国家政事，已谕内阁著间一日驰奏一次，不致有误。"于是，第二天，康熙亲自侍奉太皇太后去了汤泉。孝庄文皇后此次到遵化汤泉疗疾，又在汤泉行宫，前后历时38天，

清圣祖爱新觉罗·玄烨（1654—1722），清朝第四位皇帝，年号"康熙"，8岁登基，14岁亲政，在位61年，是中国历史上在位时间最长的皇帝

据孝庄文皇后自己说："我已痊愈。"可见此次坐汤沐浴，是十分有效果的。孝庄文皇后到底犯了什么病呢？据清宫档案记载，她是患有皮肤病，而泡汤是治疗皮肤病的有效方法。

康熙十七年（1678）九月初十，康熙再次侍奉太皇太后巡幸遵化汤泉。孝庄文皇后此次沐浴，在遵化汤泉共驻跸69天，是她一生中在汤泉休沐时间最长的一次。康熙二十年（1681）三月二十日，孝庄文皇后皮肤病复发，康熙再次陪同太皇太后到遵化汤泉，于二十八日，驾至汤泉。

孝庄文皇后6次巡幸遵化汤泉，康熙每次都陪伴左右。史料和当地民间都有康熙在遵化汤泉至孝的记载和传说。

清朝从太祖努尔哈赤时起，就已经利用汤泉进行疗疾。入主中原后，清初的最高统治者，更是频繁地到各地温泉洗浴和疗养。圣祖康熙更是对遵化汤泉钟爱有加。康熙登基之初，多次陪同祖母孝庄文皇后前来遵化汤泉疗疾。康熙二十年（1681），平定了三藩之乱，解去了郁结多年的心病，祭告先祖，连续3日驻跸汤泉，巡猎沐浴。康熙二十二年（1683），平定海寇后，康熙龙心大悦，巡边遵化，驻跸汤泉3日。康熙曾作诗赞美道：

温泉泉水沸且清，仙源遥自丹砂生。
沐日浴月泛灵液，微波细浪流琮琤。

此后，康熙多次在出巡和去东陵祭祖完毕后，都曾驻跸汤泉，在汤泉行宫逗留多日。

康熙五十五年（1716）十一月因拜谒暂安奉殿和孝陵，康熙于二十日再次驻跸汤泉。这是清圣祖康熙最后一次到遵化汤泉。

据史料统计，清圣祖康熙到遵化汤泉20余次，前后在这里驻跸115天，是清朝皇帝中来遵化汤泉次数最多、时间最长的一位。

遵化汤泉，在唐辽时期，初露夺人光芒。在明清时期，更加兴盛，其被皇家尊崇的地位是其他温泉所不能比的。

二、养生汤泉

温泉，是一种宝贵的自然资源，因其富含矿物质，对人体有滋润养身的独特功效，深受世人喜爱。

遵化汤泉自古就有养生疗疾的美誉，汤泉水温高达62～68℃，富含氟、硫等14种对人体有益的微量元素及矿物质，具有一定的医疗保健作用，被称为"京东第一泉"，并以温度高而记入史册。

在历史上关于遵化汤泉的记载最早见于南北朝期间著名地理学家郦道元所著的《水经注》。《水经注》中所记载的温泉，有许多都能够治百疾，疗恶疮，去疴疾，救瘙痒，杀三虫。

遵化汤泉内含物质包括硫黄、碘、锂、氟、锰、锶、镓、偏硅酸及氯化钠等矿物质及人体必需的常量、微量元素，其中又以硫黄为主，是我国国内著名的硫黄泉，养生功效极佳，被世人赞誉，更为皇家青睐。

早在古代，人们就已对温泉进行水质分类，以确定其医疗作用。有的温泉被冠名以"硝塘""硫黄塘""扯雀塘"；有的根

遵化汤泉

据疗效，将泉分为"眼泉""胃泉"等。北周庾信在《温泉碑文》中，记叙了温泉的治病作用。明代李时珍在其著名的《本草纲目》中，将温泉分为"热泉、冷泉、甘泉、酸泉、苦泉"，他是我国最早的温泉分类学者之一。

在《本草纲目》一书中，是这样描写硫黄泉的医疗用途："温汤，亦名温泉、沸泉。种类甚多，有硫黄泉，比较常见。气味辛、热、微毒。主治筋骨挛缩、肌皮顽痹、手足不遂、眉发脱落以及各种疥癣等症。"

清朝孝庄文皇后多次到遵化汤泉坐汤疗疾，其目的就是要治愈自己的皮肤病。经实践治疗效果奇佳，所以她经常不辞辛苦，驱车前来遵化坐汤治疗。

温泉养生妙用的另一方面在于水温的功效，遵化汤泉在这方面有着无可比拟的优势，水温高，疗效好，另外洗浴时可以配合冷泉任意调整，水温自便，适用人群极广。

遵化汤泉具有极佳的养生疗效，主要有两个原因：一是富含多种矿物质，二是水温高于其他温泉。

遵化汤泉作为遵化著名景观之一，其妙不仅在于养生，更在于养性。泉口筑池，冬日水气为云，缭绕天际。每当红日凌空，彩虹映照，俯视泉池，旭日在底，故有"汤泉浴日"之说。泉口不远，又有文人雅集之所——流杯亭，春和日丽，曲水流觞，歌山水之妙，咏天地之胜，明心问道，怡然悠然。

温泉本身就是山与水的结合，是山水的菁华，是心灵寄托之所。要懂得温泉首先要有欣赏山水的心境。尤其是山水之间的遵化汤泉，伫立其间，或可治病养生，或可悠然自得，或可襟怀大放，或可反思自我，或可激奋向上，所得所想，不可胜数。实为养性、修身之佳地。

清圣祖康熙是到遵化汤泉次数最多、洗浴时间最长的皇帝。其在侍奉祖母和自己长期在遵化汤泉洗浴疗养的过程中，康熙不断总结用汤泉水养生疗疾的经验，发明了一套有效的"坐汤疗法"（据资料记载，满洲人习惯上把温泉称为"汤泉"，把利用汤泉洗浴治疗疾病称为"坐汤"）。

据史书记载，康熙还把这套"坐汤疗法"恩赐给他的爱卿大学士李光地。李光地的疮毒"遍体盛发，上及发际，不能胜任衣冠，不能移动数步"的时候，经过在灵泉连续坐汤，不久李光地便"疮毒已尽，恶疾斩除"。据中国第一历史档案馆原馆长徐艺圃先生总结，康熙皇帝教给李光地的坐汤疗法，共有6个方面：

1. 温泉沐浴对皮肤病有一定疗效；

2. 坐汤治疗与海水泡洗相结合；

3. 坐汤治疗与饮食疗法相结合；

4. 病有轻重之别，坐汤之周期不同；

5. 坐汤四季皆宜，但以立春后效果更好；

6. 坐汤与旱忌的时间周期相同。

康熙御写坐汤疗法

温泉养生是中国养生文化的重要组成部分，英国学者李约瑟曾说过，在世界文化当中，唯独中国人的养生学是其他民族所没有的。尤其是温泉养生，更是中国文化所特有。儒家文化"儒有澡身而浴德，与其澡于水，宁澡于德"之说。孔子的门生曾点把洗澡作为一种至美的人生境界加以赞赏："日莫春者，春服既成，冠者五六人，童子六七人，浴乎沂，风乎舞雩，咏而归。"表明中国温泉文化的传统，不仅在于发肤之康洁，更讲求品行之端正，德行之良好。

秦始皇为治疗疮伤而建"骊山汤"，由此开中国温泉养生之先河；汉朝皇帝喜欢将西域进贡的香料煮成香水，倒入温泉池中，以沐香汤；隋文帝躬行节俭，反对奢靡，但对游沐温泉却情有独钟；唐朝皇家大兴土木，扩建华清池，还设有温泉监一职，专门负责皇家沐汤事务，据史料记载，唐明皇沐浴前后的饮食都由随行太医特别调备，并有详细记录在案，甚至连入浴的时间都有要求。

遵化汤泉自从被人们发现以来，即被皇家贵族视为休养的上好之所，原因有二：一是汤泉一年四季沸腾如汤，水温高，水质佳，疗养身体的效果好，能够达到消除疲劳、强身健体、令人精神焕发的目的；二是汤泉山清水秀，风水极佳，是释放心灵甚至是灵魂皈依的养性之所。暗合中国养生文化中的精神追求，因此备受皇家恩宠。

如今，泡温泉不再是皇家独有的养生之道，平民百姓同样可以享受这"身在水里,心在山间"的温泉养生之乐。

遵化汤泉更是现代养生的倡导者。现代温泉养生是建立在矿物医学及中医传统医学理论之上,结合现代温泉发展,融合了温泉、膳食、调理、睡眠、健身、娱乐等内容,所形成的综合立体温泉养生体系。按照现代养生医学理论,结合历代在遵化汤泉养生、疗疾的实践,有专家总结出一套"泡汤7步法":洁身、怡神、试泉、沐浴、拭肤、养体、静思。

传统养生理论也向来十分重视"静而养精"的养生作用。若在遵化汤泉的露天池里洗浴,身在舒适的温泉水里,凝望四面环山,林木氤氲,天清气朗,静心宁神,于身于心都是极佳的修养之所。

三、胜境汤泉

在汤泉观音殿南部区域之内，建有一座长方形的水池，它居于整个建筑区域内非常显要的位置上，这就是古汤泉的总池，是汤泉各座建筑物的基点。

整个汤泉总池，以大块豆渣石错缝相压而砌成，呈东西较长，南北稍短的长方形。水池东西边长 7.33 米、南北边宽 4.08 米。池上台面四周用豆渣石凿出一道水槽，深 0.12 米，宽 0.14 米。四面水槽的周长为 20.38 米。水槽沟外有用青白石砌成的女儿墙。女儿墙下是豆渣石台基。台基高 0.37 米、长 9.1 米、宽 5.8 米。女儿墙高 0.74 米、长 8.7 米、宽 5.44 米。池南和池北，各有一只石雕龙头。每到盛水季节，龙口中喷出热气腾腾的泉水，北面流入浴池中，南侧流淌到九曲杯亭之内，池中的汤泉水冒着热气，从地下汩汩而出，为到汤泉来洗浴的人们提供着源源不断的热水。在水池的北面，历史上还曾有一眼寒泉。这眼泉中所冒出的凉水流出后，与汤泉中的热水相混合，为人们的洗浴提供了舒适的条件。

戚继光（1528—1588），字元敬，号南塘，晚号孟诸，卒谥武毅。明朝抗倭名将，民族英雄，杰出的军事家、书法家、诗人

　　清代布兰泰所编纂的《昌瑞山万年统志》中，也将"汤泉浴日"写入他的书中："汤泉浴日：陵东二十里许，其水无冬夏常沸如汤，引而可浴。圣祖谒陵，以时常往幸焉。上有圣祖《温泉行》碑记。"

　　汤泉方池，始建年代不详，估计其建筑年代不晚于辽代。因为在明万历年间，戚继光修葺汤泉水池时，此前已经建有方池，所以戚继光在《蓟门汤泉记》中，开宗明义地写道："遵化古属范阳镇，迤北一舍而遥，山麓有汤泉，愁为方池久矣。"戚继光为明蓟镇总兵时，汤泉池泉眼已经淤塞，建筑部分坍塌，所以才有他率士兵重新修葺汤泉的故事。

　　在今天遵化汤泉福泉寺旧址上，除汤泉方池外，还有两处保存完好的古建筑，一处是六棱石幢，一处是流杯亭。其中六棱石幢是明朝中期戚继光所建原物。

戚继光曾先后两次来过遵化汤泉。第一次是在嘉靖三十年（1551），戚继光受朝廷派遣到北疆戍边。此时的他正是意气风发的年纪。这次到北疆戍边，戚继光曾经去游览汤泉，当时他还看到汤泉寺内的碑廊上刻满各种碑记，"环堵所刻如林"，可见在此之前，遵化汤泉久已成为游览胜地。戚继光在他的《辛亥年戍边有感》一诗中有所记录："结束远从征，辞家已百程。欲疲东海骑，渐老朔方兵。井邑财应竭，藩篱势未成。每经霜露候，报国眼常明。"

隆庆二年（1568）五月，戚继光受命以都督同知总理蓟镇、昌平、保定三镇练兵事务，从而使他有机会再一次来到汤泉。但是，这一次他所见到的是，汤泉附近大量的碑刻被损毁一空，不但那些石刻都被毁掉了，就是有关这些碑刻的文字都无法找到。戚继光曾经想要将它们加以纂集，但是已经无法做到了。

为此，戚继光感慨良深，在汤泉池旁徘徊了许久，而不忍心离去。此后，戚继光又慨叹汤泉的泉水淤塞，亭馆简陋，遂下决心要对汤泉进行修缮。

史料记载，从隆庆五年（1571）春季起，戚继光开始修建汤泉水池。此次除修建汤泉亭馆之外，还在流杯亭的南面建成了3

面步廊，用来陈列前人所留下的各种石刻，并为后人撰写的诗文在这里续刻，预留了位置。这3面步廊被命名为"索吟轩"。从隆庆五年（1571）到万历三年（1575），整整5年的时间，修葺汤泉水池和汤泉馆舍的工程才全部竣工。戚继光还将此次修缮过程撰成一篇《蓟门汤泉记》，并将其镌刻在一幢六棱石幢之上。

六棱石幢上除南侧3面刻有戚继光文章外，北侧3面还刻着汤泉建筑分布图和周围景物的名称。汤泉六棱石幢，在池泉总池之北39米之处。它是一个青石质的六棱形幢，通高为3.58米。六棱石幢立在一个6角形的须弥座上。须弥座的最下层为下枭，6面，每面宽0.59米、高0.18米；下枭之上是束腰，6面，每面宽0.51米、高0.2米；束腰之上为中枭，6面，每面宽0.61米、高0.17米；上枭也是6面，每面宽0.7米、高0.18米；须弥座上面竖着石质柱身，同样是6面，每面宽0.36米、6面的周长为2.16米。柱身高1.41米，由3块各高0.47米的小石柱拼接而成；六棱柱身之上，为高0.2米的3层密檐，最下层高0.39米，第二层高0.445米，最上一层檐高0.47米。其最上部，是上下两个石雕荷花形状的顶珠，顶珠下是石雕荷叶形顶，顶高含顶珠和荷叶顶，共1.24米。

关于戚继光在任蓟镇总兵时对汤泉方池等处进行挖浚、修建汤泉馆舍的记录，戚继光曾以饱含深情的笔墨，先后写下了《重

六棱石幢

修汤泉乞文叙事》《九新亭题语》《蓟门汤泉记》等文章。

也是因为《蓟门汤泉记》，汤泉六棱石幢才得以闻名于世，长久地保存下来。六棱石幢被立在方池北面的广场上，位置十分显著。来此旅游的游人都会在石幢前驻足良久。1982年六棱石幢被遵化县人民政府公布为县级重点文物保护单位。1988年8月8日，六棱石幢被唐山市人民政府公布为市级文物保护单位。

　　遵化汤泉，这里山水环绕、风光秀丽、富氧宜人，有着厚重的历史文化积淀。到这里来，不但能够享受到皇家天然温泉水的沐浴，还可以领略中华民族优秀的传统文化，同时能够欣赏汤泉周围的湖光山色。无论是休养疗疾、修身养性，还是旅游观光，遵化汤泉都会令人流连忘返。

参考文献

[1] 遵化县志编委会：《遵化县志》，石家庄：河北人民出版社，1990年版。

[2] 董耀会、吴德玉、张元华：《明长城考实》，南京：江苏凤凰科学技术出版社，2019年版。

[3] 张玉坤：《中国长城志·边镇·堡寨·关隘》，南京：江苏凤凰科学技术出版社，2016年版。

[4] 毛佩琦：《中国长城志·人物》，南京：江苏凤凰科学技术出版社，2016年版。

[5] 张柏、黄景略、朱启新等：《中国长城志·遗址遗存》，南京：江苏凤凰科学技术出版社，2016年版。

[6] 孙荣先：《遵化长城》，北京：华艺出版社，2009年版。

[7] 孙伟：《京东第一明珠——汤泉》，北京：中国旅游出版社，2007年版。

[8] 李寅：《清东陵段长城断开的历史考据》，《文物春秋》，2010年第3期，第22—25页。

[9] 李荣升：《行走遵化长城》，石家庄：河北美术出版社，2017年版。

[10] 高景生：《走近长城——遵化长城通览》，北京：中华书局，1999 年版。

[11] 董耀会：《秦皇岛历代志书校注——永平府志》，北京：中国审计出版社，2001 年版。

[12] 董耀会：《秦皇岛历代志书校注——卢龙塞略》，北京：中国审计出版社，2001 年版。

[13] 江绍贞：《长城抗战》，郑州：河南人民出版社，1995 年版。

[14] 民革中央联络部：《长城与抗战》，北京：团结出版社，2016 年版。

[15] 高鹏文、金爽图：《长城抗战：抗日第一仗》，北京：团结出版社，2005 年版。

[16] 刘广志：《平津战役史》，郑州：河南大学出版社，1994 年版。

[17] 晏子有：《驻跸汤泉》，北京：中国广播电视出版社，2008 年版。

[18] 范中义：《戚继光传》，北京：中华书局，2003 年版。

[19] [清]陈梦雷：《古今图书集成》，扬州：广陵书社，2011 年版。

[20] [元]脱脱：《辽史》，北京：中华书局，1974 年版。

[21] [清]张廷玉等：《明史》，北京：中华书局，1974 年版。

[22] [宋]薛居正：《旧五代史》卷 75《晋书·高祖纪一》，北京：中华书局，1976 年版。

[23]《清世祖实录》卷 130，北京：中华书局，1985 年版。